KSIĄŻKA KUCHARSKA MIŁOŚNIKÓW RED VELVET

100 ZACHWYCAJĄCYCH PRZEPISÓW INSPIROWANYCH KLASYCZNYM TORTEM RED VELVET

EDGARA WILLISA

SPIS TREŚCI

SPIS TREŚCI 3

WSTĘP 7

ŚNIADANIE 8

1. Czerwone aksamitne naleśniki z polewą kefirową 9

2. Czerwone aksamitne miseczki na smoothie.............................. 12

3. Czerwone aksamitne naleśniki z kremowym nadzieniem 14

4. Czerwone Aksamitne Bułeczki Cynamonowe 16

5. Pieczone pączki z czerwonego aksamitu.................................. 19

6. Dmuchany naleśnik z czerwonego aksamitu 21

7. Serowy wafel z czerwonego aksamitu...................................... 23

8. Francuskie tosty Red Velvet.. 25

9. Gorąca czekolada Red Velvet 27

10. Czerwony Aksamitny Chleb Bananowy 29

11. Wafel Mochi z czerwonego aksamitu 31

12. Gorąca miętowa czekolada Red Velvet 33

13. Płatki owsiane z czerwonego aksamitu 35

14.czerwony aksamitmleko malinowe i migdałowe 37

15. Jajka marynowane z czerwonego aksamitu 39

16. Czerwone aksamitne latkes 41

17. Hasz z czerwonego aksamitu 43

18. Śniadaniowa pizza z czerwonego aksamitu............................ 45

PRZYSTAWKI I PRZEKĄSKI 47

19. Bomby z czerwonego aksamitu 48

20. Batony dyniowe Red Velvet.. 50

21. Batony proteinowe Red Velvet Fudge................................... 52

22. Red Velvet Puppy Chow 54

23. Red Velvet Party Mix 56

24. Kulki z czerwonego aksamitu 58

25. Filiżanki z czerwonego aksamitu 61

26. Czerwona Aksamitna Kula Serowa 63

27. Ciasteczka Brownie z Red Velvet Sernik 65

28. Czerwony Aksamitny Popcorn 68

29. Czerwone Aksamitne Krispies Ryżowe 70

30. Chipsy z czerwonego aksamitu 72

31. Buraki z koperkiem i czosnkiem 74

32. Sałatka z przystawek z czerwonego aksamitu 76

33. Łódki buraczane 79

34. Placki z czerwonego aksamitu 81

DANIE GŁÓWNE 83

35. Zupa z czerwonego aksamitu 84

36. Sałatka z czerwonego aksamitu z buraczkami i mozzarellą 86

37. Czerwone aksamitne paluszki z kurczaka 88

38. Red Velvet Burger 90

39. Makrela Red Velvet z buraczkami 93

40. Risotto z czerwonego aksamitu 96

45. Czerwone aksamitne klapki 98

46. Krewetki Z Amarantusem I Kozim Serem 101

47. Grillowane przegrzebki i jarmuż w sosie ze świeżych buraków 104

ZUPA 106

48. Barszcz buraczany 107

49. Zupa z kapusty i buraków 109

50. Zupa z buraków i maślanki 111

51. Curry buraczane 113

52. Krem z buraków 115

53. Zupa szpinakowo-buraczkowa 118

54. Zupa z czerwonego aksamitu...121

SAŁATKI **123**

55. Buraczki Z Gremolatą Pomarańczową 124

56. Buraki Z Zieloną I Pokrojonymi Morelami......................126

57. Sałatka z kopru włoskiego..128

58. Sałatka z buraków i orzechów laskowych 130

59. Sałatka z buraków i pomidorów..132

60. Mieszanka Zielonych Sałatek Z Buraczkami...................134

61. Tęczowa sałatka z buraków i pistacji................................136

62. Różowo-czerwona aksamitna sałatka 138

63. Sałatka Z Żółtych Buraków Z Gruszkami 141

64. Sałatka z buraków i tofu...143

65. Sałatka z grejpfruta, buraków i niebieskiego sera............145

66. Czerwona aksamitna sałatka ziemniaczana......................147

67. Sałatka Z Buraków Z Kozim Serem I Orzechami Włoskimi.............149

BOKI..**152**

68. Pieczone warzywa korzeniowe 153

69. Buraki w Grand Marnier..155

70. Buraczki w śmietanie...157

71. Czerwone aksamitne buraczki Żurawina 159

72. Czerwone aksamitne buraczki miodowe..........................161

73. Pieczone Ćwiartki Buraków 163

DESER **165**

74. Babeczki z czerwonego aksamitu......................................166

75. Mrożony tort z czerwonego aksamitu...............................168

76. Ciasto z czerwonego aksamitu..170

77. Lody z czerwonego aksamitu...173

78. Czerwone Aksamitne Ciasteczka Czekoladowe...............175

79. Lody waflowe z czerwonego aksamitu.............................178

80. Serniki Red Velvet Mini...181

81. Babeczki z serkiem Red Velvet...185

82. Czerwona Aksamitna Tarta Malinowa.................................188

83. Suflet z czerwonego aksamitu...190

84. Mus sernikowy z czerwonego aksamitu 193

85. Szewc Red Velvet-Berry 196

86. Czerwony aksamitny tort owocowy.....................................199

87. Ciastko z czerwonego aksamitu...202

88. Czerwone aksamitne makaroniki...204

89. Czerwone aksamitne ciasto lodowe......................................207

90. Czerwony Aksamit Burak..209

91. Zapiekanka z buraków..211

92. Suflet buraczany..213

93. Czerwony aksamitny mus z buraków 215

94. Chleb buraczany...217

KOKTAJLE I SMOOTHIE...219

95. Martini z czerwonego aksamitu...220

96. Makieta mojito z czerwonego aksamitu 222

97. Czerwony Aksamitny Koktajl Czekoladowy 224

98. Czerwony Aksamitny Ciastko Koktajl..................................226

99. Smoothie z czerwonego aksamitu...228

100. Red Velvet Burak Bananowy Smoothie 230

WNIOSEK...232

WSTĘP

Czerwony aksamit to tradycyjny smak ciasta, który jest czerwony, czerwono-brązowy lub szkarłatny i zawiera maślankę i czekoladę. Zwykle łączy się go z lukrem z serka śmietankowego.

Większość ludzi szuka czerwonego aksamitu w okolicach Walentynek, mając nadzieję, że zrobią coś słodkiego i romantycznego. Ale te przepisy są świetne przez cały rok! Kluczem do uzyskania odpowiedniego profilu smakowego jest użycie niesłodzonego kakao i maślanki. A przy dodawaniu barwnika spożywczego najlepiej sprawdza się rodzaj żelu. Jest o wiele bardziej skoncentrowany i nie będziesz musiał go dużo używać.

Czerwień to kolor dogadzania sobie i luksusu, a kolor w połączeniu z nazwą czerwony aksamit tworzy subiektywne oczekiwania. Kolor jest bardzo ważny w jedzeniu, a te z pewnością przyciągną uwagę wszystkich!

ŚNIADANIE

1. Red Velvet Pancakesz polewą kefirową

Porcje: 4 Porcje

SKŁADNIKI:
BYCZY
- ½ szklanki zwykłego kefiru
- 2 łyżki cukru pudru

NALEŚNIKI
- 1¾ szklanki staromodnych płatków owsianych
- 3 łyżki kakao w proszku
- 1½ łyżeczki proszku do pieczenia
- 1 łyżeczka sody oczyszczonej
- ¼ łyżeczki soli
- 3 łyżki syropu klonowego
- 2 łyżki oleju kokosowego, roztopionego
- 1½ szklanki 2% niskotłuszczowego mleka
- 1 duże jajko
- 1 łyżeczka czerwonego barwnika spożywczego
- Wiórki czekoladowe lub chipsy do podania

INSTRUKCJE:

a) W przypadku polewy dodaj oba składniki do małej miski i mieszaj, aż się połączą. Odłożyć na bok.

b) W przypadku naleśników włóż wszystkie elementy do szybkoobrotowego blendera i zmiksuj na najwyższych obrotach, aby upłynnić. Upewnij się, że wszystko jest dobrze wymieszane.

c) Odstaw ciasto na 5 do 10 minut. Dzięki temu wszystkie składniki się połączą, a ciasto będzie miało lepszą konsystencję.

d) Obficie spryskaj nieprzywierającą patelnię lub patelnię olejem roślinnym i podgrzej na średnim ogniu.

e) Gdy patelnia będzie gorąca, dodaj ciasto za pomocą miarki ¼ szklanki i wlej ciasto na patelnię, aby zrobić naleśnik. Użyj miarki, aby uformować naleśnik.

f) Smaż, aż boki będą gotowe, a na środku pojawią się bąbelki, 3 minuty, a następnie odwróć naleśnik.

g) Gdy naleśnik będzie już upieczony z tej strony, zdejmij naleśnik z ognia i połóż na talerzu.

h) Kontynuuj te kroki z resztą ciasta.

i) Układaj i podawaj z polewą i kawałkami czekolady.

2. Miseczki na smoothie z czerwonego aksamitu

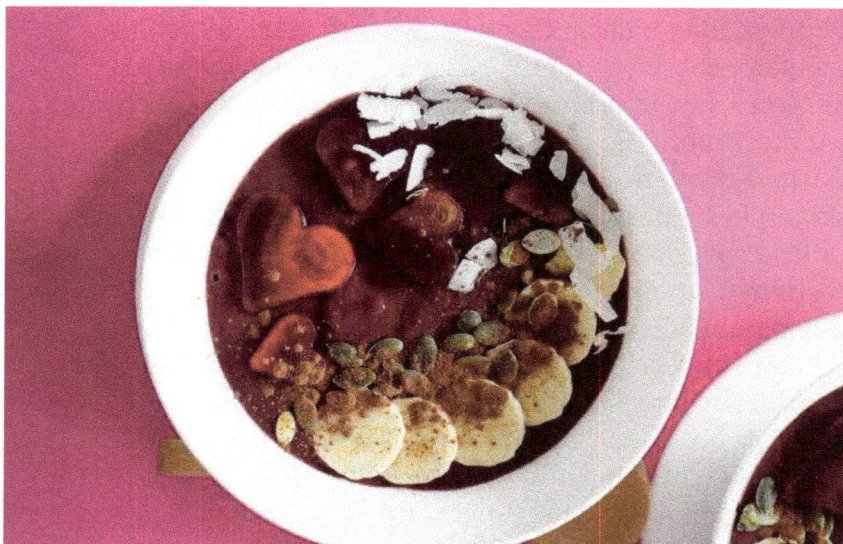

Tworzy: 2

SKŁADNIKI:
- 1 pieczony burak ostudzony
- 1 szklanka mrożonych wiśni
- 1 banan pokrojony i zamrożony
- ¼ szklanki mleka
- 3 łyżki kakao w proszku
- 1 łyżka miodu
- Pomysły na posypkę: owoce/buraki w kształcie serca, banan, nasiona, orzechy, kokos

INSTRUKCJE:
a) Połącz wszystkie składniki w blenderze, aż będą gładkie, dodając więcej mleka i miodu w razie potrzeby, aby uzyskać konsystencję i słodycz według własnych upodobań.
b) Posyp ulubionymi orzechami/nasionami, bananem i kakao.

3. Naleśniki Red Velvet z nadzieniem z serka śmietankowego

Porcje: 10-12 naleśników

SKŁADNIKI:
- 2 jajka
- 1 szklanka mleka
- ½ szklanki wody
- ½ łyżeczki soli
- 3 łyżki masła, roztopione
- 1 łyżeczka cukru
- 1 łyżeczka ekstraktu waniliowego
- 1 szklanka mąki
- 1½ łyżki kakao w proszku
- 5 kropli czerwonego barwnika spożywczego, opcjonalnie
- Nadzienie z serka śmietankowego/mżawka

INSTRUKCJE:
a) Połącz jajka, mleko, wodę, sól, cukier, wanilię i 3 łyżki stołowe roztopionego masła w blenderze i pulsuj do uzyskania piany, około 30 sekund.
b) Dodaj mąkę i kakao w proszku i pulsuj, aż będzie gładkie.
c) W tym momencie dodaj barwnik spożywczy, jeśli go używasz. Musisz sprawić, by ciasto było trochę jaśniejsze niż chcesz, aby był twój produkt końcowy.
d) Ciasto schładzamy przez 30 minut lub całą noc.
e) Kiedy będziesz gotowy do przygotowania naleśników, rozgrzej 1 łyżkę masła na patelni do naleśników lub innej płytkiej patelni. Upewnij się, że masło pokryło całą powierzchnię patelni przed dodaniem ¼ szklanki ciasta naleśnikowego i mieszaniem, aby pokryć powierzchnię patelni.
f) Smaż naleśniki przez minutę, ostrożnie odwróć, a następnie smaż drugą stronę przez pół minuty.
g) Udekoruj sosem czekoladowym i pozostałym nadzieniem z serka śmietankowego.

4. Czerwone Aksamitne Bułeczki Cynamonowe

Ilość: 24 rolki

SKŁADNIKI:
NA BUŁKI CYNAMONOWE
- 4½ łyżeczki suchych drożdży
- 2-½ szklanki ciepłej wody
- 15,25 uncji Pudełko z mieszanką ciasta Red Velvet
- 1 łyżeczka ekstraktu waniliowego
- 1 łyżeczka soli
- 5 szklanek mąki uniwersalnej

DO MIESZANKI CUKRU CYNAMONOWEGO
- 2 szklanki zapakowanego brązowego cukru
- 4 łyżki mielonego cynamonu
- ⅔ szklanki miękkiego masła

NA LUKIER Z SERKA KREMOWEGO
- 16 uncji każdego sera śmietankowego, zmiękczonego
- ½ szklanki miękkiego masła
- 2 szklanki cukru pudru
- 1 łyżeczka ekstraktu waniliowego

INSTRUKCJE:
a) W dużej misce wymieszaj drożdże i wodę, aż się rozpuszczą.

b) Dodaj ciasto, wanilię, sól i mąkę. Dobrze wymieszaj - ciasto będzie lekko lepkie.

c) Przykryj miskę szczelnie plastikową folią. Ciasto odstawiamy na godzinę do wyrośnięcia. Zagnieć ciasto i pozwól mu ponownie wyrosnąć na kolejne 45 minut.

d) Na lekko posypanej mąką powierzchni rozwałkuj ciasto na duży prostokąt o grubości około ¼ cala. Masło rozsmarować równomiernie na całym cieście.

e) W średniej misce wymieszaj brązowy cukier i cynamon. Masło posypać mieszanką brązowego cukru.

f) Zwinąć jak galaretkę, zaczynając od dłuższej krawędzi. Pokrój na 24 równe kawałki.

g) Nasmaruj dwie formy do pieczenia o wymiarach 9x13 cali. W foremkach ułożyć plastry bułki cynamonowej. Przykryć i odstawić w ciepłe miejsce do podwojenia objętości.

h) Rozgrzej piekarnik do 350 ° F.

i) Piec przez 15-20 minut lub do momentu ugotowania.

j) Podczas gdy bułeczki cynamonowe się pieką, przygotuj lukier z serka śmietankowego, ucierając ser śmietankowy i masło w średniej misce do uzyskania kremowej konsystencji. Wmieszaj wanilię. Stopniowo dodawać cukier puder.

5. Pieczone pączki z czerwonego aksamitu

Przepis na: 14-16 pączków

SKŁADNIKI:
- 2 ¼ szklanki mąki
- 1 łyżka proszku do pieczenia
- ½ łyżeczki soli
- ⅔ szklanki cukru
- 1 jajko
- 2 łyżki oleju roślinnego
- 2 łyżki kakao w proszku
- 1 łyżeczka wanilii
- ½ szklanki niskotłuszczowego mleka
- Czerwona miękka pasta żelowa
- Glazura

INSTRUKCJE:
a) Rozgrzej piekarnik do 350 stopni.

b) Spryskaj formę do pączków sprayem do gotowania i odłóż na bok.

c) W średniej misce wymieszaj mąkę, proszek do pieczenia i sól.

d) Dobrze wymieszaj i odłóż na bok.

e) W dużej misce wymieszaj cukier, jajko i olej roślinny.

f) Dodaj kakao w proszku i wanilię i dobrze wymieszaj.

g) Powoli mieszaj mleko, aż dobrze się połączy.

h) Dodaj suche składniki, około pół szklanki na raz, dobrze mieszając po każdym dodaniu.

i) Dodaj kilka kropli czerwonego barwnika spożywczego i mieszaj, aż ciasto uzyska pożądany kolor.

j) Umieść ciasto w torebce z zamkiem błyskawicznym i zamknij.

k) Odetnij koniec i wyciśnij rurkę do foremki na pączki, wypełniając każdy kubek pączka ⅔ wysokości.

l) Piecz przez 12-15 minut, uważając, aby pączki się nie przyrumieniły.

m) Wierzch pączków zanurzyć w glazurze i posypać sercami lub posypką.

6. Dmuchany Naleśnik z Czerwonego Aksamitu

Porcje: 4 Porcje

SKŁADNIKI:
NA NALEŚNIK:
- 4 duże jajka
- 1 szklanka mleka
- ¾ szklanki + 2 łyżki mąki uniwersalnej
- 2 łyżki kakao w proszku
- ¼ szklanki cukru pudru
- ¼ łyżeczki soli koszernej
- 1 łyżeczka ekstraktu waniliowego
- 2 łyżki niesolonego masła
- ½ łyżeczki czerwonego barwnika spożywczego w żelu
- Spray do gotowania
- Glazura

INSTRUKCJE:
a) Rozgrzej piekarnik do 400 stopni F
b) Umieść jajka, mleko, mąkę, kakao w proszku, cukier, sól i wanilię w blenderze; miksować do dokładnego połączenia. Dodaj barwnik spożywczy i mieszaj przez 30 sekund.
c) Podgrzej 10-calową żeliwną patelnię lub nieprzywierającą patelnię na średnim ogniu. Dodać masło i stopić. Wlać ciasto na patelnię. Wstaw blachę do piekarnika i piecz przez około 20-25 minut, aż się zrumieni, napęcznieje i ugotuje.
d) Gdy naleśnik jest w piekarniku, przygotuj glazurę serową. Ubij ser śmietankowy i masło mikserem, aż dokładnie się połączą, 1-3 minuty. Dodać mleko i ubijać do połączenia. Powoli dodawaj cukier puder i mieszaj, aż powstanie lukier. W razie potrzeby możesz dodać więcej mleka po łyżeczce na raz, aby uzyskać glazurę o konsystencji lejącej.
e) Naleśnik kroimy w ćwiartki i podajemy polany glazurą z serka śmietankowego i owocami.

7. Serowy Wafel z Czerwonego Aksamitu

Porcja: 3 gofry

SKŁADNIKI:
- 1 jajko
- 1 uncja sera śmietankowego
- 2 łyżki mąki kokosowej
- 1 łyżka maślanki
- 2 łyżeczki słodzika bezcukrowego
- ½ łyżeczki proszku do pieczenia
- ½ łyżeczki kakao w proszku
- czerwony barwnik do jedzenia

INSTRUKCJE:
a) Rozgrzej gofrownicę.
b) Wymieszaj ze sobą wszystkie składniki. Dodaj kilka kropli czerwonego barwnika spożywczego, aby uzyskać pożądany odcień różu lub czerwieni.
c) Wlej około ⅓ czerwonego aksamitnego ciasta do gofrownicy, jeśli używasz gofrownicy mini.
d) Zamknij gofrownicę i gotuj przez 3-5 minut lub do momentu, aż gofr będzie złotobrązowy i stężał.
e) Wyjmij gofrownicę z gofrownicy i podawaj.

8. Francuskie tosty z czerwonego aksamitu

Robi: 4

SKŁADNIKI

- 8 plastrów brioszki
- 3 duże jajka
- 1 szklanka pół na pół śmietanki 10% MF
- 2 łyżki cukru granulowanego
- 1 łyżka ekstraktu waniliowego
- 2 łyżki kakao w proszku
- 2-3 łyżki czerwonego barwnika spożywczego
- ¼ łyżeczki soli
- 2-3 łyżki masła lub oleju do smażenia
- Krem do ciasta z kremowego serka

INSTRUKCJE

a) Rozgrzej piekarnik do 250F. Ułóż plastry brioszki na blasze i piecz przez 15-20 minut lub do momentu, aż lekko wyschną. Całkowicie schłodzić plastry. Ubij jajka, śmietanę, cukier, wanilię, kakao w proszku, barwnik spożywczy i sól.

b) Wlać masę jajeczną na plastry.

c) Co kilka minut obracaj plastry i nakładaj na nie mieszankę, aż prawie wszystko zostanie wchłonięte. Około 10 minut.

d) Rozgrzej patelnię na średnim ogniu. Dodaj masło, a następnie umieść plastry na patelni. Smaż przez 2-3 minuty z każdej strony lub do zrumienienia.

9. Gorąca Czekolada Red Velvet

Robi: 6

SKŁADNIKI:
- 14 uncji słodzonego skondensowanego mleka
- 1 szklanka gęstej śmietany
- 6 filiżanek pełnego mleka
- 1 szklanka półsłodkich chipsów czekoladowych
- 1 łyżka ekstraktu waniliowego
- 1 łyżka serka śmietankowego
- 4 krople czerwonego żelu spożywczego

INSTRUKCJE:
a) Dodaj słodzone mleko skondensowane, kawałki czekolady, śmietankę, mleko i ekstrakt waniliowy do wolnowaru i gotuj na małym ogniu przez 3 godziny, mieszając co godzinę. Czekolada i mleko w wolnej kuchence

b) Gdy czekolada się rozpuści, wymieszaj z twarogiem i czerwonym barwnikiem spożywczym.

c) Kontynuuj gotowanie, jeśli chcesz, lub zmniejsz ciepło, aby się rozgrzało i podawaj. Czekolada w powolnej kuchence

d) Jeśli mieszanka jest zbyt gęsta jak na Twoje preferencje, możesz ją rozcieńczyć dodatkowym mlekiem lub wodą. Czerwona aksamitna gorąca czekolada w przezroczystym kubku

10. Red Velvet Bananowy Chleb

Składniki: 2 bochenki

SKŁADNIKI:
- 1 pudełko mieszanki do ciast Red Velvet
- 3 duże jajka
- ⅓ szklanki oleju
- 1½ szklanki rozgniecionych bananów, około 3 lub 4 banany
- 1 szklanka posiekanych pekanów

INSTRUKCJE:
a) Rozgrzej piekarnik do 350ºF. Natłuścić i posypać mąką dwie formy do pieczenia chleba.

b) Mieszaj suchą mieszankę ciasta, jajka, olej, puree bananowe i posiekane orzechy pekan, aż dobrze się połączą. Wlej ciasto do przygotowanych foremek.

c) Piecz przez 30 do 35 minut lub do momentu, aż wykałaczka wbita w środek wyjdzie czysta.

d) Wyjąć z piekarnika na kratkę chłodzącą na 10 minut przed wyjęciem z formy.

e) Całkowicie ostudzić na stojaku z drutu. Opcjonalnie posypać cukrem pudrem.

11. Wafel Mochi z czerwonego aksamitu

Porcje: 8 porcji

SKŁADNIKI:
DLA WAFLI RED VELVET MOCHI
- 1 ½ szklanki mleka
- 2 jajka
- 2 łyżki czerwonego barwnika spożywczego
- 1 łyżeczka ekstraktu waniliowego
- ½ łyżeczki destylowanego białego octu
- 2 ½ szklanki mąki mochiko
- ½ szklanki cukru granulowanego
- 1 łyżka proszku do pieczenia
- 1 łyżka kakao w proszku
- ½ łyżeczki soli

INSTRUKCJE:
a) Rozgrzej swoją gofrownicę.
b) Do średniej miski dodaj mokre składniki i mieszaj, aż dobrze się połączą. Odłożyć na bok.
c) Następnie do dużej miski dodaj suche składniki.
d) Mieszaj, aż dobrze się połączą.
e) Dodać mokre składniki do suchych i wymieszać tylko do połączenia.
f) Spryskaj powierzchnię gofrownicy nieprzywierającym sprayem do gotowania. Wlać ciasto do gofrownicy i smażyć, aż się lekko zrumieni.

12. Gorąca miętowa czekolada Red Velvet

Porcja: 5 filiżanek

SKŁADNIKI

- 4 szklanki pół na pół śmietany
- 7 uncji białej czekolady do pieczenia, posiekanej
- 2 uncje mlecznej czekolady, posiekanej
- ¼ do ½ łyżeczki czerwonego barwnika spożywczego
- ¼ do ½ łyżeczki ekstraktu z mięty pieprzowej
- Odrobina soli
- Laski cukierków i marshmallows

INSTRUKCJE:

a) W dużym rondlu podgrzej śmietanę na średnim ogniu, aż wokół boków garnka pojawią się bąbelki.

b) Zdjąć z ognia; wymieszaj czekoladki, barwnik spożywczy, ekstrakt i sól, aż będą gładkie. Wróć do ciepła; gotować i mieszać, aż się rozgrzeje.

c) Wlać do kubków; wierzch z laskami cukierków i piankami marshmallows.

13. Płatki owsiane z czerwonego aksamitu

Robi: 6

SKŁADNIKI
- 1 ½ szklanki płatków owsianych
- 1 szklanka maślanki
- 2 ½ szklanki mleka
- 2 łyżki cukru
- 1 ½ łyżki kakao w proszku
- ¼ łyżeczki soli
- 2 do 3 kropli czerwonego barwnika spożywczego
- 1 łyżeczka ekstraktu waniliowego

DODATKI
- Osnówki granatu
- Kawałki czekolady
- Owoce do wyboru
- orzechy

INSTRUKCJE

a) Do rondelka dodać mleko, cukier, sól, ekstrakt waniliowy i kakao w proszku

b) Wymieszaj i włącz ogień na średni.

c) Dodaj płatki owsiane do mieszanki mleczno-kakaowej.

d) Dodaj barwnik spożywczy i gotuj na średnim poziomie, aż do całkowitego ugotowania.

e) Pełne ugotowanie zajmuje około 6 minut. Ciągle mieszaj, aby zapobiec spaleniu.

f) Podawać z większą ilością mleka i wybranymi dodatkami.

14. czerwony aksamitmleko malinowe i migdałowe

Robi: 3

SKŁADNIKI:

- 1 szklanka mrożonych malin
- ¼ szklanki peptydów kolagenowych
- ¼ szklanki oleju MCT
- 2 łyżki nasion chia
- 1 łyżeczka proszku z buraków
- 1 łyżeczka organicznego ekstraktu waniliowego
- 4 krople płynnej stewii
- 1 ½ szklanki mleka migdałowego, niesłodzonego

INSTRUKCJE:

a) W blenderze o dużej mocy połącz wszystkie składniki i zmiksuj na gładką masę.

b) Przelej do 3 miseczek i podawaj z ulubionymi dodatkami.

15. Jajka Marynowane z Czerwonego Aksamitu

Robi: 6

SKŁADNIKI:

- 6 jajek
- 1 szklanka białego octu
- Sok z 1 puszki buraków
- ¼ szklanki) cukru
- ½ łyżki soli
- 2 ząbki czosnku
- 1 łyżka całego pieprzu
- 1 liść laurowy

INSTRUKCJE:

a) Rozgrzej łaźnię wodną do 170 °F

b) Umieść jajka w torbie. Zamknij torebkę i umieść ją w wannie. Gotuj przez 1 godzinę.

c) Po 1 godzinie umieść jajka w misce z zimną wodą, aby ostygły i ostrożnie obierz. W torbie, w której gotowałeś jajka, połącz ocet, sok z buraków, cukier, sól, czosnek i liść laurowy.

d) Zastąp jajka w torebce płynem do marynowania. Ponownie włóż do łaźni wodnej i gotuj jeszcze przez 1 godzinę.

e) Po 1 godzinie przenieś jajka z płynem do marynowania do lodówki.

f) Pozwól całkowicie ostygnąć przed jedzeniem.

16. Czerwone aksamitne latkes

Sprawia, że: 1 porcja

SKŁADNIKI:
- 1 szklanka drobno posiekanych świeżych buraków
- 2 łyżki skrobi kukurydzianej
- 4 Żółtka ubić
- ½ łyżeczki cukru
- 3 łyżki ciężkiej śmietany lub nierozcieńczonego odparowanego mleka
- ½ łyżeczki mielonej gałki muszkatołowej
- 1 łyżeczka soli

INSTRUKCJE:
a) Połącz wszystkie składniki w misce do mieszania.

b) Dobrze wymieszaj i upiecz jak naleśnik na gorącej patelni z masłem lub ciężkiej patelni.

c) Podawać z marmoladą owocową lub konfiturą.

17. Hasz z czerwonego aksamitu

Robi: 4

SKŁADNIKI:

- 1 funt buraków, obranych i pokrojonych w kostkę
- ½ funta ziemniaków Yukon Gold, wyszorowanych i pokrojonych w kostkę
- Gruba sól i świeżo zmielony czarny pieprz
- 2 łyżki oliwy z oliwek extra vergine
- 1 mała cebula, pokrojona w kostkę
- 2 łyżki posiekanej świeżej pietruszki
- 4 duże jajka

INSTRUKCJE:

a) Na patelni z wysokimi ściankami zalać buraki i ziemniaki wodą i zagotować. Dopraw solą i gotuj do miękkości, około 7 minut. Odcedź i wytrzyj patelnię.

b) Rozgrzej olej na patelni na średnim ogniu. Dodaj ugotowane buraki i ziemniaki i gotuj, aż ziemniaki zaczną się złocić przez około 4 minuty. Zmniejsz ogień do średniego, dodaj cebulę i gotuj, mieszając, do miękkości, około 4 minut. Dostosuj przyprawy i wymieszaj z pietruszką.

c) Zrób cztery szerokie dołki w haszyszu. Do każdego wbij po jednym jajku i dopraw je solą. Gotuj, aż białka się zetną, ale żółtka będą nadal płynne przez 5 do 6 minut.

18. Śniadaniowa pizza z czerwonego aksamitu

Robi: 6

SKŁADNIKI:

NA SPOSÓB NA PIZZĘ:

- 1 szklanka ugotowanych i zmiksowanych buraków
- ¾ szklanki mąki migdałowej
- ⅓ szklanki mąki z brązowego ryżu
- ½ łyżeczki soli
- 2 łyżeczki proszku do pieczenia
- 1 łyżka oleju kokosowego
- 2 łyżeczki posiekanego rozmarynu
- 1 jajko

DODATKI:

- 3 jajka
- 2 plastry ugotowanego boczku pokruszone
- awokado
- ser

INSTRUKCJE

a) Rozgrzej piekarnik do 375 stopni

b) Wszystkie składniki na spód pizzy wymieszać

c) Piec przez 5 minut

d) Wyjmij i zrób 3 małe „dołki" za pomocą tylnej części łyżki lub foremki do lodów

e) Wrzuć 3 jajka do tych „dołków"

f) Piec 20 minut

g) Posyp serem i boczkiem i piecz jeszcze 5 minut

h) Dodaj więcej rozmarynu, sera i awokado.

PRZYSTAWKI I PRZEKĄSKI

19. Bomby z czerwonego aksamitu

Robi: 10

SKŁADNIKI:
- 100 gramów Ciemnej Czekolady, 90%
- 1 łyżeczka ekstraktu waniliowego, bez cukru
- ⅓ szklanki sera śmietankowego, zmiękczonego
- 3 łyżki stewii
- 4 krople czerwonego barwnika spożywczego
- ⅓ Kubek Cannabis Heavy Cream, Bita

INSTRUKCJE:
a) Podgrzewaj czekoladę w mikrofalówce w dziesięciosekundowych odstępach w misce bezpiecznej dla kuchenki mikrofalowej.
b) Z wyjątkiem bitej śmietany, połącz wszystkie pozostałe składniki w dużej misce.
c) Upewnij się, że jest idealnie gładki, mieszając go mikserem ręcznym.
d) Dodaj roztopioną czekoladę i kontynuuj mieszanie przez kolejne dwie minuty.
e) Napełnij szprycę do połowy mieszanką, wyciśnij ją na przygotowaną blachę do pieczenia i umieść w lodówce na czterdzieści minut.
f) Przed podaniem na wierzch ułożyć kleks bitej śmietany.

20. Batony dyniowe Red Velvet

Porcje: 4 Porcje

SKŁADNIKI:
- Małe gotowane buraczki, 2
- Mąka kokosowa, ¼ szklanki
- Organiczne masło z pestek dyni, 1 łyżka
- Mleko kokosowe, ¼ szklanki
- Serwatka waniliowa, ½ szklanki
- 85% ciemna czekolada, roztopiona

INSTRUKCJE:
a) Połącz wszystkie suche składniki oprócz czekolady.
b) Wymieszaj mleko z suchymi składnikami i dobrze zwiąż.
c) Uformować batoniki średniej wielkości.
d) Rozpuść czekoladę w kuchence mikrofalowej i pozwól jej ostygnąć przez kilka sekund.
e) Teraz zanurz każdy batonik w roztopionej czekoladzie i dobrze obtocz.
f) Przechowywać w lodówce, aż czekolada zastygnie i stwardnieje.
g) Cieszyć się.

21. Batony proteinowe Red Velvet Fudge

Porcje: 4 Porcje

SKŁADNIKI:
- Puree z pieczonych buraków, 1 szklanka
- Pasta z ziaren wanilii, 1 łyżeczka
- Niesłodzone mleko sojowe, ½ szklanki
- Masło orzechowe, ½ szklanki
- Różowa sól himalajska, ⅛ łyżeczki
- Ekstrakt, 2 łyżeczki
- Surowa stewia, ¾ szklanki
- Mąka owsiana, ½ szklanki
- Białko w proszku, 1 szklanka

INSTRUKCJE:
a) Rozpuść masło w rondlu i dodaj mąkę owsianą, białko w proszku, puree z buraków, wanilię, ekstrakt, sól i stewię. Mieszaj, aż się połączą.
b) Teraz dodaj mleko sojowe i mieszaj, aż dobrze się połączy.
c) Przenieś mieszaninę do miski i wstaw do lodówki na 25 minut.
d) Gdy mieszanina jest twarda, pokrój ją na 6 batonów i ciesz się.

22. Karma dla szczeniąt Red Velvet

Sprawia, że: 22

SKŁADNIKI:
- 15,25 uncji mieszanki ciasta z czerwonego aksamitu
- 1 szklanka cukru pudru
- 12 uncji białej czekolady
- 8 uncji półsłodkiej czekolady
- 2 łyżki gęstej śmietany, temperatura pokojowa
- 12 uncji płatków Chex
- 10 uncji M&M's
- ⅛ Posypki w kolorze filiżanki

INSTRUKCJE:
a) Rozgrzej piekarnik do 350 ° F.
b) Rozłóż mieszankę czerwonego aksamitu na blasze wyłożonej papierem do pieczenia.
c) Piec w piekarniku przez 5-8 minut. Wyjąć z piekarnika i odstawić do ostygnięcia.
d) Dodaj mieszankę ciasta i cukier puder do zamykanej torby i potrząśnij, aby dobrze wymieszać. Odłóż na bok.
e) W misce połam czekoladę, a następnie podgrzewaj w kuchence mikrofalowej w odstępach 30-sekundowych, mieszając w międzyczasie, aż czekolada całkowicie się rozpuści.
f) Wmieszać śmietanę.
g) Dodaj płatki Chex do innej dużej miski i wlej czekoladę na wierzch.
h) Ostrożnie wymieszaj płatki razem z czekoladą, aż do równomiernego pokrycia, a następnie, pracując partiami, dodaj płatki pokryte czekoladą do torebki z mieszanką ciasta i cukrem i potrząśnij, aż do całkowitego pokrycia.
i) Kawałki płatków owsianych wyjąć na blachę wyłożoną papierem do pieczenia.
j) Powtórz z pozostałymi płatkami, a następnie pozostaw kawałki do wyschnięcia na około godzinę.
k) Wymieszaj z M&Msami i posypką i umieść w misce do podania.

23. Mieszanka imprezowa z czerwonego aksamitu

Porcje: 12 porcji

SKŁADNIKI:
- 6 filiżanek płatków czekoladowych
- ½ szklanki zapakowanego brązowego cukru
- ⅓ szklanki masła
- 3 łyżki syropu kukurydzianego
- 1 kropla czerwonego barwnika spożywczego w żelu
- 1 szklanka Food Cake Mix
- ½ szklanki kremowego lukru z serka śmietankowego

INSTRUKCJE:
a) W dużej misce do podgrzewania w kuchence mikrofalowej umieść płatki; odłożyć na bok.

b) W średniej wielkości misce przeznaczonej do podgrzewania w kuchence mikrofalowej umieść brązowy cukier, masło, syrop kukurydziany, barwnik spożywczy i ciasto odkryte na poziomie High.

c) Natychmiast polej płatki; wrzucić, aż dobrze się pokryje.

d) Rozłóż na woskowanym papierze. Chłodzić przez 5 minut.

e) W małej misce do podgrzewania w kuchence mikrofalowej umieść lukier; kuchenką mikrofalową odkrytą na High przez 20 sekund.

f) Skrop mieszankę zbożową. Przechowywać luźno przykryte.

24. Czerwone Aksamitne Kulki Tortowe

Robi: 4 tuziny

SKŁADNIKI:
- Opakowanie 15,25 uncji mieszanki ciast z czerwonego aksamitu
- 1 szklanka pełnego mleka
- ⅓ szklanki solonego masła, stopionego
- 3 łyżeczki ekstraktu waniliowego, podzielone
- Tłuszcz warzywny, na patelnię
- Mąka uniwersalna, na patelnię
- 8 uncji opak. serek śmietankowy zmiękczony
- ½ szklanki solonego masła, zmiękczonego
- 4 szklanki cukru pudru
- 30 uncji białych topiących się wafli
- Czerwona i biała posypka i posypki cukrowe

INSTRUKCJE:
a) Rozgrzej piekarnik do 350 ° F. Ubij ciasto, mleko, roztopione masło i 1 łyżeczkę wanilii w misce wytrzymałego miksera stojącego wyposażonego w nasadkę do wiosła na niskiej prędkości, aż dobrze się wymiesza, około 1 minuty. Zwiększ prędkość do średniej i ubijaj przez 2 minuty. Wlać ciasto do wysmarowanej tłuszczem i posypanej mąką formy do pieczenia o wymiarach 13 x 9 cali.

b) Piec w nagrzanym piekarniku, aż drewniany kilof włożony w środek wyjdzie czysty, od 24 do 28 minut. Schłodzić na patelni na stojaku z drutu przez 15 minut. Przełóż ciasto na metalową kratkę i pozostaw do całkowitego ostygnięcia na około 2 godziny.

c) W międzyczasie ubij ser śmietankowy i zmiękczone masło za pomocą wytrzymałego miksera stojącego wyposażonego w nasadkę łopatkową na średniej prędkości, aż do uzyskania kremowej konsystencji. Zmniejsz prędkość do niskiej i stopniowo dodawaj cukier puder i pozostałe 2 łyżeczki wanilii, ubijając do połączenia. Zwiększ prędkość do średniej i ubijaj, aż będzie puszysta, od 1 do 2 minut.

d) Schłodzone ciasto kruszymy do dużej miski. Wmieszaj 2 filiżanki kremu z serka śmietankowego.

e) Rozwałkuj ciasto na 48 kulek o średnicy około 1 cala. Umieść kulki na blasze do pieczenia i przykryj je folią. Schładzamy przez 8 godzin lub całą noc.

f) Rozpuść 1 opakowanie topiących się wafli w średniej wielkości misce przeznaczonej do podgrzewania w kuchence mikrofalowej zgodnie z instrukcją na opakowaniu.

g) Używając widelca i pracując z 1 kulką ciasta na raz, zanurz kulkę w stopionych waflach, pozwalając, aby nadmiar spłynął z powrotem do miski. Umieść kulę na blasze wyłożonej papierem do pieczenia i natychmiast posyp pożądaną ilością posypki lub cukru pudru.

h) Powtórz z pozostałymi 15 kulkami ciasta i roztopionymi waflami w misce, czyszcząc widelec między każdym dipem.

i) Wytrzyj miskę do czysta i powtórz jeszcze 2 razy z pozostałymi schłodzonymi kulkami ciasta i 2 opakowaniami topiących się wafli oraz żądaną ilością posypki. Schłodzić, aż będzie gotowy do podania.

25. Filiżanki z czerwonego aksamitu

Porcje: 4 Porcje

SKŁADNIKI
- Spray do pieczenia
- Opakowanie 15,25 uncji Red Velvet Cake Mix
- 1 szklanka niskotłuszczowej maślanki lub wody
- 3 jajka
- ½ szklanki oleju roślinnego
- 7 uncji mieszanki puddingu instant wanilii lub sernika
- 4 szklanki pełnego mleka
- Bita polewa i wiórki czekoladowe do podania

INSTRUKCJE:
a) Rozgrzej piekarnik do 350 ° F.
b) Spryskaj formę do galaretki sprayem do pieczenia.
c) Wymieszaj ciasto, maślankę lub wodę, jajka i olej w dużej misce z mikserem elektrycznym na niskich obrotach, aż będą wilgotne, około 30 sekund.
d) Ubijaj na średnich obrotach przez 2 minuty. Wlać do patelni.
e) Piecz przez 15 do 18 minut, aż wykałaczka wbita w środek ciasta wyjdzie czysta.
f) Schłodzić ciasto na patelni na ruszcie, aż całkowicie ostygnie.
g) Za pomocą ząbkowanego noża uformuj 120 małych kwadratów.
h) Przygotuj budyń zgodnie z instrukcją na opakowaniu.
i) Umieść 10 kostek ciasta w szklance do serwowania i równomiernie ułóż budyń.
j) Udekoruj każdą filiżankę bitą śmietaną i wiórkami czekolady.

26. Kulka serowa z czerwonego aksamitu

Porcje: 16 porcji

SKŁADNIKI
- 8 uncji sera śmietankowego, temperatura pokojowa
- ½ szklanki niesolonego masła, temperatura pokojowa
- Pudełko o pojemności 15,25 uncji z czerwonego aksamitu, suche
- ½ szklanki cukru pudru
- 2 łyżki brązowego cukru
- ½ szklanki mini chipsów czekoladowych
- ciasteczka waniliowe/krakersy graham, do podania

INSTRUKCJE:
a) W misce miksera stojącego z przystawką do wiosła ubij razem serek śmietankowy i masło, aż będą gładkie.

b) Dodaj mieszankę na ciasto, cukier puder i brązowy cukier. Mieszaj, aż dobrze się połączy.

c) Zeskrob mieszaninę na duży kawałek plastikowego opakowania. Użyj opakowania, aby uformować mieszaninę w kulę. Przechowywać w lodówce w plastikowym opakowaniu, aż będzie wystarczająco twardy, aby można go było użyć, około 30 minut.

d) Czekoladowe chipsy ułóż na talerzu. Rozwiń kulkę sera i obtocz ją w kawałkach czekolady.

e) Podawać z ciasteczkami waniliowymi, krakersami graham itp.

27. Brownie z sernikiem Red Velvet

Porcja: 30 kawałków brownie

SKŁADNIKI:
DO BRĄZÓW:
- 8 łyżek niesolonego masła, stopionego
- 1 szklanka cukru
- ¼ szklanki niesłodzonego kakao w proszku
- ½ łyżeczki ekstraktu waniliowego
- 1 łyżka czerwonego barwnika spożywczego
- ⅛ łyżeczki soli
- ½ łyżeczki białego octu
- 2 duże jajka, lekko ubite
- ¾ szklanki mąki uniwersalnej

NA NADZIENIE SERNIKOWE:
- 8-uncjowe opakowanie zmiękczonego sera śmietankowego
- 3 łyżki cukru
- ½ łyżeczki ekstraktu waniliowego
- 1 duże żółtko

INSTRUKCJE:
PRZYGOTOWANIE CIASTKA NA BROWNIE:
a) Rozgrzej piekarnik do 350ºF. Nasmaruj formę do mini muffinek sprayem do gotowania.
b) W dużej misce wymieszaj stopione masło, cukier, kakao w proszku, ekstrakt waniliowy, barwnik spożywczy i sól do połączenia, a następnie wymieszaj z białym octem.
c) Dodaj jajka i mieszaj, aż się połączą. Wsyp mąkę tylko do połączenia. Odłóż mieszankę brownie na bok.
PRZYGOTOWAĆ NADZIENIE DO SERNIKA:
d) W misce miksera stojącego wyposażonego w nasadkę do wiosła ubij ser śmietankowy z cukrem, ekstraktem waniliowym i żółtkiem, aż się połączą. Przenieś masę sernikową do rękawa cukierniczego lub zamykanej plastikowej torebki i odetnij końcówkę.
e) Za pomocą małej gałki do lodów nałóż około 1 łyżkę ciasta na brownie do każdej studzienki foremki na mini muffiny. Wyciśnij około 1 łyżeczkę mieszanki sernikowej na ciasto brownie, a następnie nałóż na nią dodatkową 1 łyżeczkę ciasta brownie. Za pomocą wykałaczki wymieszaj ciasto brownie z masą sernikową.
f) Piecz kęsy brownie przez około 12 minut lub do momentu, aż masa serowa będzie całkowicie upieczona. Wyjmij ciasteczka brownie z piekarnika i pozwól im ostygnąć na patelni przez około 5 minut przed wyjęciem.

28. Popcorn z czerwonego aksamitu

Porcje: 8 porcji

SKŁADNIKI
- 16 filiżanek popcornu
- 3 szklanki okruchów czerwonego aksamitu
- 20 uncji białej czekolady lub białego topiącego się cukierka

INSTRUKCJE
a) Wrzuć popcorn za pomocą poppera powietrznego do dużej miski.
b) Rozpuść białą czekoladę zgodnie z instrukcją na opakowaniu. Używam podwójnego bojlera do białej czekolady.
c) Wlej roztopioną czekoladę na popcorn i wymieszaj, aby całkowicie się pokrył.
d) Wlej popcorn na wyłożony woskiem blat wyłożony papierem i posyp okruchami czerwonego aksamitu.
e) Pozostaw do całkowitego wyschnięcia przed jedzeniem.

29. Ryżowe Krispies Red Velvet

Porcje: 12 porcji

SKŁADNIKI
- 10,5 uncji mini pianek marshmallow
- 3 łyżki masła
- ½ łyżeczki
- ¾ szklanki czerwonego aksamitnego ciasta
- 6 filiżanek chrupiących płatków ryżowych
- Opcjonalnie ½ łyżeczki czerwonego barwnika spożywczego

INSTRUKCJE
a) W dużym garnku na średnim ogniu rozpuść masło i mini pianki marshmallow.
b) Gdy pianki całkowicie się rozpuszczą, wymieszaj z waniliową i czerwoną aksamitną mieszanką ciasta. Jeśli uważasz, że musi być bardziej czerwony, dodaj w tym momencie barwnik spożywczy.
c) Zdjąć z ognia i delikatnie wymieszać ryżowe krispie, aż równomiernie się pokryją.
d) Gdy wszystkie zostaną równomiernie połączone, podziel je na tace z pianką.
e) Przykryj tace folią i podawaj.

30. Chipsy z czerwonego aksamitu

Tworzy: 1

SKŁADNIKI:
- 4 średnie buraki, opłucz i pokrój w cienkie plasterki
- 1 łyżeczka soli morskiej
- 2 łyżki oliwy z oliwek
- Hummus do podania

INSTRUKCJE:
a)   Rozgrzej frytkownicę powietrzną do 380 ° F.
b)   W dużej misce wymieszaj buraki z solą morską i oliwą z oliwek, aż będą dobrze pokryte.
c)   Włóż plastry buraków do frytkownicy i rozłóż je w jednej warstwie.
d)   Smażyć przez 10 minut. Wymieszaj, a następnie smaż przez kolejne 10 minut. Ponownie zamieszaj, a następnie smaż przez ostatnie 5 do 10 minut lub do momentu, gdy frytki osiągną pożądaną chrupkość.
e)   Podawaj z ulubionym hummusem.

31. Buraki Z Koperem I Czosnkiem

Porcje: 2 Porcje

SKŁADNIKI:
- 4 buraki, oczyszczone, obrane i pokrojone w plastry
- 1 ząbek czosnku, posiekany
- 2 łyżki posiekanego świeżego koperku
- ¼ łyżeczki soli
- ¼ łyżeczki czarnego pieprzu
- 3 łyżki oliwy z oliwek

INSTRUKCJE:
a) Rozgrzej frytkownicę powietrzną do 380 ° F.

b) W dużej misce wymieszaj wszystkie składniki, aby buraki dobrze pokryły się olejem.

c) Wlej mieszankę buraków do koszyka frytownicy i piecz przez 15 minut przed mieszaniem, a następnie kontynuuj pieczenie przez kolejne 15 minut.

32. Sałatka z czerwonego aksamitu

Porcje: 4 Porcje

SKŁADNIKI
- 2 funty buraków
- Sól
- ½ każdej hiszpańskiej cebuli, pokrojonej w kostkę
- 4 Pomidory, obrane ze skóry, pozbawione nasion i pokrojone w kostkę
- 2 łyżki octu
- 8 łyżek oliwy z oliwek
- Czarne oliwki
- 2 ząbki czosnku, posiekane
- 4 łyżki włoskiej pietruszki, posiekanej
- 4 łyżki kolendry, posiekanej
- 4 średnie Ziemniaki, gotowane
- Sól i pieprz
- Ostra czerwona papryka

INSTRUKCJE:

a) Odetnij końcówki buraków. Dobrze umyć i ugotować w osolonej wodzie do miękkości. Odcedź i zdejmij skórki pod bieżącą zimną wodą. Kostka do gry.

b) Składniki dressingu wymieszać.

c) Połącz buraki w salaterce z cebulą, pomidorem, czosnkiem, kolendrą i pietruszką. Zalać połową dressingu, delikatnie wymieszać i schłodzić przez 30 minut. Ziemniaki pokroić w plasterki, włożyć do płytkiej miski i wymieszać z pozostałym sosem. Chłod.

d) Gdy wszystko będzie gotowe, ułóż buraki, pomidory i cebulę na środku płytkiej miski i ułóż wokół nich ziemniaki w pierścieniu. Udekoruj oliwkami.

33. Łodzie z buraków

Porcje: 6 porcji

SKŁADNIKI:

- 8 małych buraków
- 10 uncji mięsa kraba, konserwowego lub świeżego
- 2 łyżeczki posiekanej świeżej pietruszki
- 1 łyżeczka soku z cytryny

INSTRUKCJE:

a) Buraki gotować na parze przez 20-40 minut lub do miękkości. Przepłukać zimną wodą, obrać ze skórki i ostudzić. W międzyczasie wymieszaj mięso kraba, pietruszkę i sok z cytryny.

b) Gdy buraki ostygną, przekrój je na pół i wydrąż środki za pomocą łyżki do melonów lub łyżeczki, tworząc wgłębienie. Nadzienie z mieszanką krabów.

c) Podawać jako przystawkę lub na lunch razem ze smażonymi buraczkami.

34. Placki z czerwonego aksamitu

Porcje: 6 porcji

SKŁADNIKI:

- 2 szklanki startych surowych buraków
- ¼ szklanki cebuli, pokrojonej w kostkę
- ½ szklanki bułki tartej
- 1 duże jajko, ubite
- ¼ łyżeczki imbiru
- Sól i pieprz do smaku

INSTRUKCJE:

a) Wymieszaj wszystkie składniki. Łyżką nakładać porcje wielkości naleśnika na rozgrzaną, naoliwioną patelnię.

b) Smaż do zbrązowienia, raz obracając.

c) Podawać z masłem, kwaśną śmietaną, jogurtem lub dowolną ich kombinacją.

DANIE GŁÓWNE

35. Zupa z czerwonego aksamitu

Tworzy: 2

SKŁADNIKI
- ½ szklanki buraków, pokrojonych w kostkę
- ½ szklanki marchewki, pokrojonej w kostkę
- ½ szklanki pomidora, pokrojonego w kostkę
- ¼ szklanki podzielonej i pozbawionej skórki czerwonej soczewicy
- 1 cebula
- 4-5 ząbków czosnku
- 1 łyżeczka masła/ghee
- 1 łyżka płatków migdałowych
- 1 łyżeczka czarnego pieprzu w proszku
- do smaku Sól

INSTRUKCJE
a) Podgrzej masło/ghee na patelni ciśnieniowej i podsmaż cebulę i czosnek.
b) Dodaj wszystkie kostki warzywne i umytą soczewicę i smaż przez chwilę.
c) Dodaj jedną szklankę wody i gotuj pod ciśnieniem.
d) Następnie zmielić na puree i przetrzeć przez sito lub durszlak.
e) Dodaj jeszcze jedną szklankę wody lub więcej w zależności od pożądanej grubości.
f) Dodaj sól i czarny pieprz i gotuj przez 5-7 minut na małym ogniu.

36. Sałatka z czerwonego aksamitu z buraczkami i mozzarellą

Porcje: 4 porcje

SKŁADNIKI
- ½ czerwonej kapusty
- ½ soku z limonki
- 3 łyżki soku z buraków
- 3 łyżki syropu z agawy
- 3 ugotowane buraki
- 150 gr małe kulki serowe z mozzarellą
- 2 łyżki drobno posiekanego szczypiorku
- 2 łyżki prażonych orzeszków piniowych

INSTRUKCJE
a) Pokrój czerwoną kapustę obieraczką w cienkie paski.

b) Weź miskę i wymieszaj sok z buraków z 2 łyżkami syropu z agawy i sokiem z połowy limonki.

c) Wymieszaj to z pokrojoną czerwoną kapustą i pozostaw do marynowania na pół godziny.

d) Następnie odcedź kapustę na sito.

e) Z ugotowanych czerwonych buraków otrzymujemy małe kulki z gałką Parisienne.

f) Posyp te kulki 1 łyżką syropu z agawy.

g) Uprażyć orzeszki piniowe na patelni, aż będą złocistobrązowe. Odsączoną czerwoną kapustę włożyć do naczynia.

h) Ułóż na nim czerwone buraki i kulki mozzarelli. Na wierzchu rozłóż orzeszki piniowe i drobno posiekany szczypiorek.

37. Paluszki z kurczaka z czerwonego aksamitu

Robi: 12

SKŁADNIKI:
- 12 polędwiczek z kurczaka
- 1 ½ szklanki mąki
- Szczypta soli
- 1 ½ łyżki proszku do pieczenia
- ¼ szklanki cukru pudru
- 2 łyżki kakao w proszku
- 1⅔ szklanki mleka
- 1 łyżeczka ekstraktu waniliowego
- 1 uncja czerwonego barwnika spożywczego
- 1 jajko
- 5 dużych kostek lodu
- Dodatkowa mąka
- olej do smażenia

INSTRUKCJE:
a) Bardzo dobrze ubij mokre składniki.
b) Wymieszaj suche składniki.
c) Do mokrych składników dodać lód, a następnie wlać go do suchych. Mieszać do połączenia.
d) Kurczaka oprószamy solą, obtaczamy w mące i maczamy w cieście.
e) Smaż w temperaturze 350 ° F przez 5 minut, aż kurczak będzie w pełni ugotowany, w razie potrzeby przewracając.
f) Ustaw do ostygnięcia. Natychmiast posolić. Podawać z musztardą miodową, sosem barbecue lub innymi ulubionymi dodatkami.

38. Red Velvet Burger

Porcje: 4 Porcje

SKŁADNIKI
- 2-3 gałązki tymianku, posiekane
- ½ szklanki soku z buraków
- 1⁄2 kostki świeżych drożdży
- 1 jajko, oddzielone
- 250 gramów mąki pszennej
- 1 łyżka cukru
- około 1 łyżeczka soli
- 40 g miękkiego masła
- 1 ząbek czosnku
- 1 łyżka kaparów
- 120 gramów majonezu
- pieprz z młynka
- 4-8 liści sałaty, opłukanych i osuszonych
- 1 garść kiełków buraka, opłukanych i osuszonych
- 500 g mielonej wołowiny
- 1 łyżka oliwy z oliwek
- 1 mini ogórek, pokrojony w plasterki

INSTRUKCJE:

a) Sok z buraków podgrzać, rozkruszyć w drożdżach i rozpuścić mieszając.

b) Drożdże, mąkę, cukier, ½ łyżeczki soli, masło, połowę liści tymianku i żółtko zagnieść na gładkie ciasto, przykryć i odstawić w ciepłe miejsce do wyrośnięcia na 1 godzinę.

c) Zagnieść ciasto, uformować z niego 4 płaskie bułki do burgerów i odstawić na kolejne 20 minut do wyrośnięcia.

d) Rozgrzej piekarnik do 200°C.

e) Bułki posmarować białkiem, posypać pozostałym tymiankiem i piec w piekarniku przez 15-20 minut.

f) Pozwól bułkom ostygnąć na metalowej podstawce.

g) W przypadku aioli obrać czosnek i drobno posiekać z kaparami.

h) Majonez wymieszać z czosnkiem i kaparami, doprawić solą i pieprzem.

i) Dopraw mieloną wołowinę solą i pieprzem i uformuj z niej 4 burgery, smaż na patelni grillowej na rozgrzanym oleju po 4-5 minut z każdej strony.

j) Rozetnij bułki, posmaruj aioli powierzchnie przekrojów obu połówek, od spodu przykryj sałatą, kotletami do burgerów, plasterkami ogórka i kiełkami buraków, przykryj górnymi połówkami i podawaj.

39. Makrela Red Velvet z burakami

Porcje: 4 Porcje

SKŁADNIKI

● 2 makrele hiszpańskie (po około 2 funty każda), oczyszczone z łusek i usunięte skrzela

● 2¼ szklanki solanki z kopru włoskiego

● 1 łyżka oliwy z oliwek

● 1 średnia cebula, drobno posiekana

● 2 średnie buraki, pieczone, gotowane, grillowane lub z puszki; drobno posiekane

● 1 cierpkie jabłko, obrane, pozbawione gniazd nasiennych i drobno posiekane

● 1 ząbek czosnku, posiekany

● 1 łyżka drobno posiekanego świeżego koperku lub liści kopru włoskiego

● 2 łyżki świeżego koziego sera

● 1 limonka pokrojona na 8 klinów

INSTRUKCJE:

a) Opłucz rybę i umieść ją w 1-galonowej torebce z zamkiem błyskawicznym z solanką, wyciśnij powietrze i zamknij torbę. Przechowywać w lodówce przez 2 do 6 godzin.

b) Rozgrzej olej na dużej patelni na średnim ogniu. Dodaj cebulę i smaż do miękkości, około 3 minut. Dodaj buraki i jabłko i smaż, aż jabłko zmięknie, około 4 minut. Wmieszaj czosnek i koperek i podgrzewaj przez około 1 minutę. Ochłodzić mieszaninę do temperatury pokojowej i wymieszać z kozim serem.

c) W międzyczasie rozpal grill na bezpośrednie średnie ciepło, około 375¡F.

d) Wyjąć rybę z solanki i osuszyć. Wylej solankę. Wnęki ryb nadziać schłodzoną masą buraczkowo-jabłkową i w razie potrzeby zabezpieczyć sznurkiem.

e) Ruszt grilla wysmaruj szczotką i posmaruj olejem. Grilluj rybę, aż skóra będzie chrupiąca, a ryba będzie nieprzezroczysta na powierzchni, ale nadal będzie wilgotna i wilgotna w środku (130¼ F na termometrze z natychmiastowym odczytem), 5 do 7 minut z każdej strony. Wyjmij rybę na półmisek i podawaj z ćwiartkami limonki.

40. Risotto z czerwonego aksamitu

Robi: 4

SKŁADNIKI:
- 50g masła
- 1 cebula, drobno posiekana
- 250g ryżu do risotto
- 150 ml białego wina
- 1 litr bulionu warzywnego
- 300g gotowanych buraków
- 1 cytryna, obrana ze skórki i wyciśnięty sok
- natka pietruszki mała pęczek, grubo posiekana
- 125g miękkiego koziego sera
- garść orzechów włoskich, prażonych i posiekanych

INSTRUKCJE:
41. Rozpuść masło na głębokiej patelni i smaż cebulę z odrobiną przypraw przez 10 minut, aż będzie miękka. Wsypać ryż i mieszać, aż każde ziarno zostanie nim pokryte, następnie wlać wino i bulgotać przez 5 minut.
42. Dodawaj bulion chochlą na raz, mieszając, dodając więcej dopiero po wchłonięciu poprzedniej porcji.
43. W międzyczasie weź ½ buraka i zmiksuj go w małym blenderze na gładką masę, a resztę posiekaj.
44. Po ugotowaniu ryżu wymieszaj ubite i posiekane buraki, skórkę i sok z cytryny oraz większość natki pietruszki. Podzielić na talerze i posypać pokruszonym serem kozim, orzechami włoskimi i pozostałą pietruszką.

45. czerwony aksamitSuwaki

Porcje: 4 Porcje

SKŁADNIKI:
BURAKI
- 1 ząbek czosnku, lekko rozgnieciony i obrany
- 2 marchewki obrane, pokrojone
- Szczypta Sól i pieprz
- 1 cebula, obrana i pokrojona w ćwiartki
- 4 buraki
- 1 łyżka kminku
- 2 łodygi selera opłukane, pokrojone

UBIERANIE SIĘ:
- ½ szklanki majonezu
- ⅓ szklanki maślanki
- ½ szklanki posiekanej natki pietruszki, szczypiorku, estragonu
lub tymianku
- 1 łyżka świeżo wyciśniętego soku z cytryny
- 1 łyżeczka pasty z anchois
- 1 ząbek czosnku posiekany
- Sól pieprz

BYCZY:
- Bułeczki suwakowe
- 1 cienko pokrojona czerwona cebula
- Garść mieszanych mikrogreenów

INSTRUKCJE:

UBIERANIE SIĘ

a) Połącz maślankę, zioła, majonez, sok z cytryny, pastę anchois, czosnek, sól i pieprz.

BURAKI

b) W holenderskim piekarniku gotuj buraki, seler, marchew, cebulę, czosnek, kminek, sól i pieprz przez 55 minut.

c) Buraki obrać i pokroić w plasterki.

d) Smaż plastry buraków przez 3 minuty z każdej strony na patelni pokrytej sprayem do gotowania.

ZŁOŻYĆ

e) Ułóż bułeczki suwakowe na talerzu i posyp je burakami, sosem vinaigrette, czerwoną cebulą i mikro zieleniną.

f) Cieszyć się.

46. Krewetki Z Amarantusem I Kozim Serem

Robi: 4

SKŁADNIKI:
- 2 Spiralizowane Buraki
- 4 uncje Zmiękczonego Sera Koziego
- ½ szklanki Arugula Microgreens Lekko posiekana
- ½ szklanki Amarantusa Microgreens Lekko posiekane
- 1 funt Krewetki
- 1 szklanka posiekanych orzechów włoskich
- ¼ szklanki surowego cukru trzcinowego
- 1 łyżka masła
- 2 łyżki oliwy z oliwek extra virgin

INSTRUKCJE:

a) Przed rozpoczęciem przygotowań odstaw kozi ser do zmiękczenia na 30 minut.

b) Rozgrzej piekarnik do 375 stopni

c) Rozgrzej patelnię na umiarkowanym ogniu.

d) Dodaj orzechy włoskie, cukier i masło na patelnię i często mieszaj na umiarkowanym ogniu.

e) Ciągle mieszaj, gdy cukier zacznie się topić.

f) Po pokryciu orzechów natychmiast przenieś je na arkusz pergaminu i oddziel orzechy, aby się nie stwardniały. Odłożyć na bok

g) Buraki pokroić w spirale.

h) Wrzuć spirale z oliwą z oliwek i solą morską.

i) Rozłóż buraki na blasze i piecz w piekarniku przez 20 - 25 minut.

j) Krewetki opłukać i dodać do rondelka.

k) Napełnij patelnię wodą i solą morską. Doprowadzić do wrzenia.

l) Odcedź wodę i umieść ją w łaźni lodowej, aby zatrzymać gotowanie.

m)   Przytnij i lekko posiekaj mikrogreeny rukoli. Odłożyć na bok.

n) Dodaj mikrogreeny do zmiękczonego sera, zostawiając kilka szczypt każdego mikrogreena.

o) Zmiksuj mikrogreeny i ser.

p) Zeskrob masę serową w kulkę.

q) Buraki na talerzu.

r) Dodaj łyżkę sera na wierzch buraków.

s) Wokół talerza ułóż orzechy włoskie.

t) Dodaj krewetki i posyp pozostałymi mikrogreenami, solą i mielonym pieprzem.

47. Grillowane przegrzebki i jarmuż ze świeżym sosem z buraków

Porcje: 4 porcje

SKŁADNIKI:
- 1¼ szklanki świeżego soku z buraków
- Owocowa oliwa z oliwek
- 1 łyżeczka białego octu winnego
- Sól koszerna; do smaku
- Świeżo zmielony czarny pieprz; do smaku
- 1¼ funta Świeże przegrzebki morskie
- Kilka kropel świeżego soku z cytryny
- 1 funt młodych liści jarmużu; twardy rdzeń środkowy usunięty
- Kilka kropel octu sherry
- świeży szczypiorek; pokroić w słupki
- Małe kostki żółtej papryki

INSTRUKCJE:
a) Umieść sok z buraków w niereaktywnym rondlu i gotuj, aż zredukuje się do około ½ szklanki.

b) Zdejmij z ognia, powoli ubij 2 do 3 łyżek oliwy z oliwek, aby zagęścić sos. Ubij ocet z białego wina, sól i pieprz do smaku. Odstawić i trzymać w cieple.

c) Lekko posmaruj przegrzebki olejem i dopraw solą, pieprzem i kilkoma kroplami soku z cytryny.

d) Liście jarmużu posmarować olejem i lekko doprawić. Grilluj jarmuż z obu stron, aż liście będą lekko zwęglone i ugotowane.

e) Grilluj przegrzebki, aż się ugotują (środek powinien być lekko nieprzezroczysty). Ułóż jarmuż atrakcyjnie na środku ciepłych talerzy i skrop go kilkoma kroplami octu sherry.

f) Umieść przegrzebki na wierzchu i łyżką sosu z buraków. Udekoruj szczypiorkiem i żółtą papryką i natychmiast podawaj.

ZUPA

48. Barszcz buraczany

Porcje: 2 Porcje

SKŁADNIKI:

- 1 puszka całych buraków
- 4 szklanki wody
- 1 cała cebula, obrana
- sól
- 2 czubate łyżki cukru
- ¼-½ łyżeczki kwaśnej soli

INSTRUKCJE:

a) Dusić cebulę w wodzie przez 10 minut. Dodaj starte (rozdrobnione) buraki z sokiem i wszystkimi pozostałymi składnikami.

b) Gotować przez 5 minut. więcej.

c) Posmakuj i dostosuj przyprawy.

d) Podawać na ciepło lub na zimno.

49. Zupa z kapusty i buraków

Porcje: 8 porcji

SKŁADNIKI:

- 1 kapusta medyczna; pokrojone lub pokrojone w kostkę
- 3 Czosnek; goździki mielone
- Buraczany; garść
- 3 Marchewka; kilka
- 1 litr cebuli
- 2 Seler; łodygi pokrojone na 3 części
- 3 funty kości; kości mięsne/szpikowe
- 2 Cytryna
- 2 puszki Pomidory; nie spuszczać

INSTRUKCJE:

a) Włóż mięso i kości do garnka bulionowego o pojemności 8 lub 12 litrów. Włożyć puszki z pomidorami, zalać wodą i zagotować.

b) W międzyczasie przygotuj warzywa. Buraki i marchewkę pokroić w plasterki, inne w całości. Gdy bulion się zagotuje, zbierz go z wierzchu.

c) Włóż buraki, marchew, czosnek i inne warzywa. Zmniejsz ogień do wrzenia i trzymaj pokrywkę krzywo.

d) Po około godzinie dodać czosnek i cukier.

50. Zupa z buraków i maślanki

Porcje: 6 porcji

SKŁADNIKI:

- 5 buraków
- 3 szklanki maślanki
- ¾ szklanki Posiekana zielona cebula
- ⅔ szklanki Lekka kwaśna śmietana
- 2 łyżki posiekanego świeżego koperku lub kolendry
- 1½ łyżeczki cukru pudru
- 1½ łyżeczki białego octu
- ¼ łyżeczki soli
- 1 szklanka ogórka; (pokrojone w kostkę bez skórki)
- Świeże gałązki koperku lub kolendry

INSTRUKCJE:

a) W rondelku z wrzącą, osoloną wodą przykryj i gotuj buraki, aż będą miękkie, a skórka będzie łatwo zsuwać się przez około 25 minut. Odcedź i ostudź; zdjąć skórki i pokroić w kostkę o boku ¼ cala (5 mm). Przykryć i przechowywać w lodówce do schłodzenia.

b) W dużej misce wymieszaj maślankę, ½ szklanki (125 ml) cebuli, śmietanę, koperek, cukier, ocet i sól. Przykryć i przechowywać w lodówce do schłodzenia lub do 6 godzin. Posmakuj i dopraw do smaku.

c) Wlej mieszaninę maślanki do miseczek. Zamieszać w burakach i ogórku.

d) Udekoruj pozostałą zieloną cebulą i gałązkami koperku lub kolendry.

51. curry z buraków

Porcje: 4 porcje

SKŁADNIKI:
- 3 łyżki ghee
- 1 szczypta nasion kminku
- 1 liść laurowy
- 2½ łyżki posiekanej cebuli
- ¼ łyżeczki Cayenne
- ¼ łyżeczki Garam masali
- 1 średni ziemniak, pokrojony w kostkę
- ½ szklanki zielonego groszku
- 15 uncji buraków, ugotowanych i pokrojonych w kostkę
- ½ łyżeczki soli

INSTRUKCJE:
a) Podgrzej ghee i smaż nasiona kminku, liść laurowy, ostrą cebulę, cayenne i garam masala przez 1 minutę.
b) Dodaj ziemniaki, groszek i buraki i delikatnie gotuj przez 2 minuty. Dodaj sól i trochę wody.
c) Gotuj delikatnie, aż ziemniak będzie miękki.
d) Podawać na ryżu.

52. Krem z buraków

Porcje: 6 porcji

SKŁADNIKI:
- 1 funt buraków, obranych i grubo posiekanych (około 3 średnie)
- 1 duża cebula, grubo posiekana
- 1 świeża gałązka majeranku LUB
- 1 łyżeczka suszonego posiekanego świeżego tymianku
- 3 łyżki niesolonego masła
- 1 kwarta bulionu drobiowego lub warzywnego
- ½ szklanki ciężkiej śmietany
- 2 łyżki dobrego octu z czerwonego wina
- Sól
- Pieprz
- ½ szklanki Śmietanka gęsta, lekko ubita
- Małe grzanki
- ¼ szklanki Posiekanych świeżych ziół, takich jak koperek lub majeranek

INSTRUKCJE:

a) Gotuj buraki, cebulę i majeranek na maśle w 4-litrowym garnku na średnim ogniu, aż cebula zacznie lekko mięknąć, około 10 minut. Dodaj bulion, częściowo przykryj garnek i gotuj na wolnym ogniu przez około 30 minut, aż buraki będą całkowicie miękkie.

b) Sprawdź je, próbując zmiażdżyć jedną drewnianą łyżką o ściankę garnka. W razie potrzeby dusić dłużej.

c) Zmiksuj zupę w blenderze lub robocie kuchennym. Jeśli chcesz, aby zupa miała gładszą konsystencję, przecedź ją przez sitko o średniej wielkości oczek. Dodaj śmietanę lub ocet i ponownie zagotuj zupę. Dopraw solą i pieprzem.

d) Aby podać, nalej chochlą do misek i udekoruj bitą śmietaną, grzankami i ziołami lub podawaj dodatki osobno i pozwól gościom zjeść.

53. Zupa ze szpinaku i buraków

Porcje: 8 porcji

SKŁADNIKI:

- ½ szklanki ciecierzycy
- 2 szklanki Szpinaku; posiekana
- 1 szklanka fasoli Kidney
- 1 szklanka świeżego koperku -lub-
- ¼ szklanki suszonego koperku
- 1 szklanka soczewicy
- 4 buraki; obrane i pokrojone w drobną kostkę
- 1 duża cebula; posiekane (do)
- 2 łyżki mąki (do)
- 2 kości do zupy; opcjonalny
- Smażona cebula i suszone liście mięty (do dekoracji)
- Sól i pieprz do smaku
- Olej do smażenia (maks.)
- 8 filiżanek wody

INSTRUKCJE:

a) Namocz ciecierzycę i fasolę przez 2 godziny lub całą noc. Ugotuj soczewicę w 1-2 szklankach wody, aż będzie miękka, ale nie rozgotowana i odłóż na bok.

b) Zrumienić kości i cebulę na oleju w dużym rondlu. Dopraw do smaku i dodaj wodę, ciecierzycę, fasolę i buraki. Gotuj, aż ciecierzyca będzie miękka.

c) Usuń kości i dodaj szpinak, koperek i soczewicę. Mieszaj od czasu do czasu. W międzyczasie podsmażyć mąkę na odrobinie oleju i dodać do zupy, aby ją zagęścić.

d) Postaw zupę na małym ogniu i często mieszaj, aż będzie gotowa. Podawać w misce i udekorować smażoną cebulą lub suszonymi listkami mięty dodanymi do gorącego oleju.

54. Zupa z czerwonego aksamitu

Porcje: 2 Porcje

SKŁADNIKI:

- 1 duży burak
- 1 szklanka wody
- 2 szczypty kminku w proszku
- 2 szczypty pieprzu
- 1 szczypta cynamonu
- 4 szczypty soli
- Wyciskanie cytryny
- ½ łyżki ghee

INSTRUKCJE:

a) Buraka ugotować, a następnie obrać.
b) Wymieszaj z wodą i przefiltruj w razie potrzeby.
c) Zagotuj mieszaninę, a następnie dodaj pozostałe składniki i
   podawaj.

SAŁATKI

55. Buraczki Z Pomarańczową Gremolatą

Porcje: 12 porcji

SKŁADNIKI:

- 3 złote buraki, pokrojone
- 2 łyżki soku z limonki
- 1 łyżeczka skórki pomarańczowej
- 2 łyżki nasion słonecznika
- 1 łyżka posiekanej natki pietruszki
- 3 łyżki koziego sera
- 1 łyżka mielonej szałwii
- 2 łyżki soku pomarańczowego
- 1 ząbek czosnku, posiekany

INSTRUKCJE:

a)   Rozgrzej frytkownicę do 400°C. Owiń buraki grubą folią i umieść je na tacy w koszu frytownicy.

b)   Gotuj do miękkości, 50 minut. Obierz, pokrój na pół i pokrój buraki; umieścić w misce.

c)   Dodaj sok z limonki, sok pomarańczowy i sól.

d)   Posypać natką pietruszki, szałwią, czosnkiem i skórką pomarańczową, posypać kozim serem i ziarnami słonecznika.

56. Buraki Z Zieloniami I Slivered Morelami

Porcje: 4 porcje

SKŁADNIKI:

- 1 średni pęczek buraków z zieleniną
- 1/3 szklanki świeżego soku z cytryny
- 2 łyżki jasnego brązowego cukru
- ½ szklanki suszonych moreli
- Sól i świeżo mielony czarny pieprz

INSTRUKCJE:

a) Rozgrzej piekarnik do 400 ° F. Usuń warzywa z buraków i dobrze je umyj, a następnie pokrój w poprzek na paski o szerokości ½ cala. Odłożyć na bok. Buraki dobrze wyszoruj.

b) Zawiń buraki szczelnie w folię aluminiową i piecz do miękkości, około 1 godziny.

c) Podczas gdy buraki się pieką, umieść morele w małej żaroodpornej misce i zalej je wrzącą wodą, aby zmiękły na około 10 minut. Odsącz i pokrój w cienkie paski i odłóż na bok.

d) Kiedy buraki się upieką, rozpakuj je i odstaw do ostygnięcia. Gdy wystarczająco ostygnie, obierz buraki i pokrój je w plastry o grubości 1/4 cala i odłóż na bok.

e) W małym rondlu połącz sok z cytryny, cukier i pokrojone morele i zagotuj. Zmniejsz ogień do niskiego poziomu i gotuj na wolnym ogniu przez 5 minut. Odłożyć na bok.

f) Umieść zarezerwowane warzywa na patelni z 2 łyżkami wody. Przykryć i doprowadzić do wrzenia, następnie zmniejszyć ogień do średniego i gotować, aż warzywa zwiędną, a płyn odparuje około 2 minut. Wymieszaj mieszankę moreli i cytryny z zielenią i dopraw solą i pieprzem do smaku. Dodaj plastry buraków i gotuj, aż się podgrzeją przez około 3 minuty. Natychmiast podawaj.

57. Sałatka z buraków i kopru włoskiego

Porcje: 2 Porcje

SKŁADNIKI:
- 3 szklanki posiekanej zieleniny
- ¼ bulwy kopru włoskiego, pokrojonego w cienkie plasterki
- ½ szklanki posiekanych gotowanych różyczek brokułów
- ½ szklanki pokrojonych buraków
- 1 do 2 łyżek oliwy z oliwek extra virgin
- Sok z ½ cytryny

INSTRUKCJE:
a)   W dużej misce wymieszaj warzywa, koper włoski, brokuły i buraki.
b)   Wymieszaj z oliwą z oliwek i sokiem z cytryny.

58. Sałatka Z Buraków Z Orzechami Laskowymi

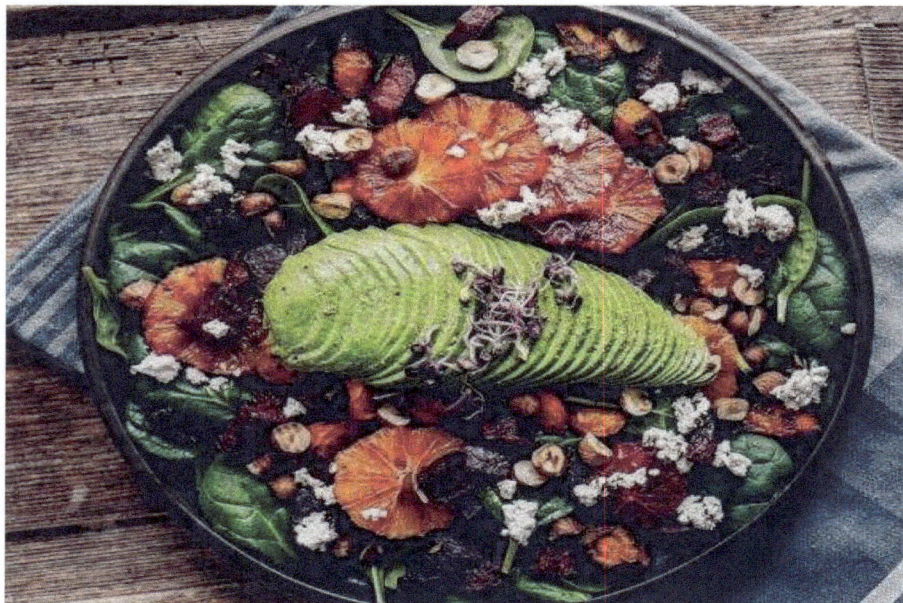

Porcje: 2 Porcje

SKŁADNIKI:

- 2 szklanki szpinaku baby
- ½ awokado, pokrojone w kostkę
- 1 szklanka buraków, pokrojonych w kostkę
- ¼ szklanki orzechów laskowych
- 2 łyżki oliwy z oliwek extra vergine
- 1 łyżka octu balsamicznego

INSTRUKCJE:

a) Do miski włożyć szpinak, awokado, buraki i orzechy laskowe. Ubierz z oliwą i octem.

b) Wrzuć i ciesz się.

59. Sałatka Z Buraków I Pomidorów

Porcje: 2 Porcje

SKŁADNIKI:
- ½ szklanki świeżych pomidorów – posiekanych
- ½ szklanki ugotowanych buraków – posiekanych
- 1 łyżka oleju roślinnego
- ¼ łyżki nasion gorczycy
- ¼ łyżki nasion kminku
- Szczypta Kurkumy
- 2 szczypty asafetydy
- 4 liście curry
- Sól dla smaku
- Cukier do smaku
- 2 łyżki proszku orzechowego
- Świeżo posiekane liście kolendry

INSTRUKCJE:
a) Rozgrzej olej przed dodaniem gorczycy.

b) Kiedy zaczną strzelać, dodaj kminek, kurkumę, liście curry i asafetydę.

c) Wymieszaj buraki i pomidory z mieszanką przypraw, proszkiem z orzeszków ziemnych, solą, cukrem i liśćmi kolendry do smaku.

60. Mieszana Zielona Sałatka Z Burakami

Porcje: 4 porcje

SKŁADNIKI:

a) 2 średnie buraki, odcięte wierzchołki

b) 2 łyżki soku pomarańczowego wzbogaconego w wapń

c) 1 ½ łyżeczki miodu

d) ⅛ łyżeczki soli

e) ⅛ łyżeczki czarnego pieprzu

f) ¼ szklanki oliwy z oliwek

g) 2 łyżki surowego, łuskanego słonecznika

h) 1 pomarańcza, pokrojona w cząstki

i) 3 kubki pakowane mieszane sałaty zielone

j) ¼ szklanki sera feta o obniżonej zawartości tłuszczu,
pokruszonego

INSTRUKCJE:

● W średnim rondlu zalać buraki wodą. Doprowadzić do wrzenia, a następnie zmniejszyć ogień do małego.

● Gotuj przez 20-30 minut lub do miękkości widelca pod przykryciem. Buraki należy odsączyć.

● Gdy buraki ostygną na tyle, że można je zabrać ze sobą, obierz je pod bieżącą wodą i pokrój w kliny.

● W międzyczasie wymieszaj w słoiku sok pomarańczowy, miód, czosnek, sól i pieprz.

● Wstrząśnij oliwą z oliwek, aż sos będzie gładki. Usuń z równania.

● Na małej patelni do smażenia rozpuść masło na średnim ogniu.

● Na suchej patelni podsmaż słonecznik przez 2-3 minuty lub do momentu, aż nabierze aromatu.

● W dużej misce do serwowania wymieszaj buraki, nasiona słonecznika, cząstki pomarańczy, mieszane warzywa i ser feta.

61. Tęczowa sałatka z buraków i pistacji

Porcje: 2 Porcje

SKŁADNIKI:
- 2 małe pęczki tęczowych buraków, pokrojone
- Olej rzepakowy do buraków

OLIWA Z OLIWEK Z BAZYLII I CYTRYNY:
- 2 szklanki luźno upakowanej bazylii
- niecałe ¼ szklanki oliwy z oliwek
- ½ soku z cytryny
- szczypta soli koszernej
- 1 łyżka posiekanych pistacji
- 1 szklanka Micro Greens
- Sól z ziół cytrusowych – opcjonalnie

INSTRUKCJE:
a) Wrzuć buraki z 1-2 łyżkami oleju rzepakowego, aż będą delikatnie pokryte.

b) Umieść buraki na blasze do pieczenia z brzegami, przykryj folią i piecz na grillu przez 30-45 minut lub do miękkości i zrumienienia.

c) Usuń skórki z buraków i wyrzuć je.

d) Aby przygotować bazyliową oliwę z oliwek, zmiksuj wszystkie składniki w blenderze na gładką masę.

e) Skrop niewielką ilością bazyliowej oliwy z oliwek dno dwóch małych talerzy.

f) Na każdym talerzu rozłóż niewielką liczbę mikrogreenów, połowę buraków, sól z ziół cytrusowych i pistacje.

g) Umieść pozostałe mikrowarzywa na wierzchu każdego talerza.

62. Różowa Czerwona Aksamitna Sałatka

Porcje: 2 Porcje

SKŁADNIKI

SAŁATKA

- 4 całe marchewki
- ⅓ średniej czerwonej cebuli, posiekanej
- 1 duży burak
- 1 różowy grejpfrut, podzielony na części
- 1 garść grubo posiekanych pistacji

FLAKONIK NA SOLE TRZEŹWIĄCE

- ½ szklanki oliwy z oliwek
- ¼ szklanki octu z wina ryżowego
- 1 łyżeczka musztardy
- 1 łyżeczka syropu klonowego
- 1-2 ząbki czosnku, posiekane
- sól i pieprz do smaku

INSTRUKCJE:

● Pokrój buraki na średnie kliny i umieść w pojemniku do kuchenki mikrofalowej, przykryj i mikro, aż widelec będzie miękki. Mój trwał 6 i pół minuty. Ja swojego nie obieram ze skórki, bo mi to nie przeszkadza, ale rób to, co lubisz.

● Za pomocą obieraczki do marchwi odetnij długie paski z każdej marchewki, aż dotrzesz do rdzenia i nie będziesz mógł już golić. Zachowaj rdzenie na później.

● W dużej misce umieść wszystkie składniki sałatki z wyjątkiem pistacji.

● W drugiej misce umieść wszystkie składniki sosu i mieszaj, aż powstanie emulsja.

● Gdy będziesz gotowy do podania sałatki, polej ją wystarczającą ilością dressingu, aby ją pokryć, a resztę zarezerwuj na jutrzejszą sałatkę.

● Posyp pistacjami i gotowe.

63. Żółta Sałatka Z Buraków Z Gruszkami

Porcje: 2 Porcje

SKŁADNIKI:
- 3 do 4 średnich żółtych buraków
- 2 łyżki białego octu balsamicznego
- 3 łyżki majonezu wegańskiego, domowej roboty (patrz Majonez wegański) lub kupionego w sklepie
- 3 łyżki wegańskiej kwaśnej śmietany, domowej roboty (patrz Tofu Sour Cream) lub kupionej w sklepie
- 1 łyżka mleka sojowego
- 1½ łyżki posiekanego świeżego koperku
- 1 łyżka mielonej szalotki
- ½ łyżeczki soli
- ¼łyżeczka świeżo zmielonego czarnego pieprzu
- 2 dojrzałe gruszki Bosc
- Sok z 1 cytryny
- 1 mała główka czerwonej sałaty, porwana na małe kawałki

INSTRUKCJE:
a) Buraki ugotować na parze do miękkości, następnie ostudzić i obrać ze skórki. Buraki pokrój w zapałki i umieść w płytkiej misce. Dodaj ocet i wrzuć do płaszcza. Odłożyć na bok.

b) W małej misce połącz majonez, śmietanę, mleko sojowe, koperek, szalotkę, sól i pieprz. Odłożyć na bok.

c) Wydrąż gruszki i pokrój je w kostkę o boku 1/4 cala. Umieść gruszki w średniej misce, dodaj sok z cytryny i delikatnie wymieszaj. Podziel sałatę na 4 talerze sałatkowe i ułóż gruszki i buraki na wierzchu. Skrop sałatkę sosem, posyp orzechami pekan i podawaj.

64. Sałatka z buraków i tofu

Porcje: 4 Porcje

SKŁADNIKI:
- 3 buraki; obranych LUB 5 małych buraków
- 1 mała czerwona cebula bermudzka; pokroić w cienkie pierścienie i oddzielić
- 1 funt Twarde lub bardzo twarde tofu; odcedzamy i kroimy w półcentymetrową kostkę
- ¼ szklanki octu z czerwonego wina
- 2 łyżki octu balsamicznego
- ¼ szklanki oliwy z oliwek; lub mniej do smaku
- ½ łyżeczki suszonego oregano
- Sól i pieprz

INSTRUKCJE:
a) Gotuj buraki do miękkości podczas testowania widelcem: duże buraki mogą gotować się i gotować przez 45 minut.
b) Gdy wystarczająco ostygnie, pokrój buraki na pół, a następnie pokrój każdą połówkę na ¼-calowe plasterki. Umieść w misce. Dodaj dressing. Delikatnie wymieszać do połączenia.
c) Smak dla przypraw. Podawać natychmiast lub schłodzone. Wrzuć ponownie tuż przed podaniem.

65. Sałatka z grejpfruta, buraków i sera pleśniowego

Sprawia, że: 1 porcja

SKŁADNIKI:

- ½ pęczka rukwi wodnej; grube łodygi odrzucone
- 1 grejpfrut
- 1 uncja niebieskiego sera; pokroić w małe cienkie plasterki
- 2 Obrane, ugotowane buraki, starte na grubej tarce
- 4 łyżeczki oliwy z oliwek extra virgin
- 1 łyżka octu balsamicznego
- Gruba sól do smaku
- Grubo mielony pieprz do smaku

INSTRUKCJE:

a) Rozłóż rukiew wodną na 2 talerzach sałatkowych i ułóż dekoracyjnie plasterki grejpfruta i ser na wierzchu.

b) W małej misce wymieszaj buraki, 2 łyżeczki oleju i ocet i podziel na sałatki.

c) Sałatki skropić pozostałym olejem i doprawić solą i pieprzem.

66. Sałatka Ziemniaczana Red Velvet

Porcje: 4 Porcje

SKŁADNIKI:

- 1 kg niebieskich ziemniaków
- 200 g buraków
- Sól
- Pieprz
- 2 pęczki dymki
- 250 gramów kwaśnej śmietany
- 5 łyżek białego octu winnego
- 2 pęczki rzodkiewek
- ¼ łóżka rzeżuchy
- ¼ Buraków

INSTRUKCJE:

a) Ziemniaki i buraki dokładnie umyć i ugotować w dużej ilości osolonej wody przez około 15 minut.

b) Umyj dymkę, oczyść i pokrój w cienkie paski.

c) Połóż dymki w lodowatej wodzie, aby się zwinęły.

d) Wymieszaj śmietanę i ocet - dopraw solą i pieprzem.

e) Odcedź ziemniaki, odłóż je, obierz i pokrój w grubszą kostkę.

f) Buraki przepłukać zimną wodą, obrać i pokroić w cienkie plasterki.

g) Dokładnie umyj rzodkiewki, oczyść i pokrój w ćwiartki.

h) Ziemniaki, buraki, dymkę i rzodkiewki wymieszać z dressingiem.

i) Ułożyć w miseczkach. Posypać rzeżuchą.

67. Sałatka Z Buraków Z Kozim Serem I Orzechami Włoskimi

Robi: 4

SKŁADNIKI
2 funty młodych buraków (czerwonych, żółtych i / lub Chioggia),
przyciętych, łodygi i liście zarezerwowane
Oliwa z oliwek z pierwszego tłoczenia
Sól koszerna
½ szklanki mielonej szalotki (około 2 średnich szalotek)
7 łyżek octu z czerwonego wina
Świeżo mielony czarny pieprz
8 uncji świeżego miękkiego koziego sera
3 łyżki cienko pokrojonego świeżego szczypiorku
½ szklanki mąki uniwersalnej
2 duże jajka
1 szklanka bułki tartej panko
Olej z pestek winogron lub inny olej roślinny
1 szklanka świeżej pietruszki o płaskich liściach, grubo posiekanej
½ szklanki prażonych orzechów włoskich, grubo posiekanych

INSTRUKCJE:
1. Upiecz buraki. Rozgrzej piekarnik do 450 ° F. Ułóż buraki w
jednej warstwie w naczyniu do pieczenia o wymiarach 9 na 13 cali.
Dodaj tyle wody, aby sięgała do połowy boków buraków. Skropić
oliwą z oliwek i doprawić obficie solą. Przykryj naczynie do
pieczenia folią aluminiową i szczelnie zamknij. Piecz buraki przez 1
godzinę do 1 godziny 15 minut lub do miękkości po przekłuciu
widelcem.
2. Przygotuj marynatę. Podczas gdy buraki pieczą się, w średniej
misce wymieszaj ¼ szklanki szalotki, 6 łyżek octu z czerwonego
wina i ½ łyżeczki soli.
3. Obierz i zamarynuj buraki. Gdy buraki są wystarczająco chłodne,
aby można je było dotykać, ale nadal są ciepłe, użyj papierowego
ręcznika, aby delikatnie zetrzeć ich skórkę. Buraki przekroić na pół
lub na ćwiartki i przełożyć do dużej miski. Doprawiamy solą i
pieprzem do smaku. Zalej marynatą buraki; wrzucić do płaszcza.
Odstaw na 30 minut do marynowania.

4. Ugotuj łodygi i liście buraków. Pokrój łodygi buraków na 2-calowe kawałki. Zwiń liście w ciasną kłodę i pokrój pod kątem na długie paski o szerokości 1 cala. Na patelni do smażenia podgrzej 1 łyżkę oliwy z oliwek na średnim poziomie, aż będzie gorąca. Dodaj łodygi i dopraw solą. Smaż, od czasu do czasu mieszając, przez 3 do 5 minut, aż lekko zmięknie. Dodaj liście buraków i dopraw solą i pieprzem. Smaż, od czasu do czasu mieszając, przez 2 do 4 minut, aż zmięknie. Dodaj pozostałą 1 łyżkę octu z czerwonego wina. Zdjąć z ognia.

5. Uformuj krążki z koziego sera. Wyjąć kozi ser z lodówki i odstawić w temperaturze pokojowej na około 10 minut, aż lekko zmięknie. W misce połącz szczypiorek, pozostałe ¼ szklanki szalotki i kozi ser. Doprawić 1 łyżeczką soli i ½ łyżeczki pieprzu. Mieszaj, aż dokładnie się połączą. Użyj rąk, aby uformować cztery równe kulki, a następnie ostrożnie spłaszcz każdą z nich w rundę o grubości ¼ cala. Przełóż rundy na talerz.

6. Chleb z kozim serem. Rozsyp mąkę na płytkim naczyniu i dopraw solą i pieprzem. Wbij jajka do płytkiej miski i ubijaj, aż się połączą. Rozłóż bułkę tartą na innym płytkim naczyniu. Pracując z jednym na raz, dokładnie obtaczaj rundy koziego sera w mące; strząśnij nadmiar. Zanurz obie strony w jajku, aż nadmiar scieknie, a następnie w bułce tartej; naciśnij, aby upewnić się, że bułka tarta przylega. Przenieś rundy na talerz i przykryj folią; schłodzić w lodówce tuż przed smażeniem.

7. Posiekaj kozi ser. Tuż przed podaniem wyjmij krążki z koziego sera z lodówki. Wyłóż talerz papierowymi ręcznikami. Na żeliwnej patelni lub patelni do smażenia rozgrzej cienką warstwę oleju z pestek winogron na średnim poziomie, aż będzie gorący. Olej jest wystarczająco gorący, gdy kilka bułki tartej skwierczy natychmiast po dodaniu do patelni. Dodać krążki koziego sera. Smaż przez 2 do 4 minut z każdej strony, aż będą złociste i chrupiące. Przełożyć na talerz i doprawić solą i pieprzem.

8. Zakończ i podaj sałatkę. Dodaj pietruszkę i orzechy włoskie do pieczonych buraków; wymieszać do dokładnego połączenia. Podziel zielone buraki (liście), łodygi i pieczone buraki na półmiski. Na każdym z nich udekoruj kozim serem i podawaj.

BOKI

68. Pieczone Warzywa Korzeniowe

Porcje: 6 do 8 porcji

SKŁADNIKI:

- 3 funty buraków pokrojonych w kostkę
- 1 mała czerwona cebula
- ¼ szklanki oleju kokosowego
- 1 ½ łyżeczki koszernej soli
- ¼ łyżeczki świeżo zmielonego czarnego pieprzu
- 2 łyżki listków rozmarynu, posiekanych

INSTRUKCJE:

a) Ułóż stojak na środku piekarnika i rozgrzej piekarnik do 425 ° F.

b) Umieść warzywa korzeniowe i czerwoną cebulę na blasze do pieczenia z obrzeżami. Skrop ¼ szklanki oleju kokosowego, posyp solą koszerną i czarnym pieprzem i wrzuć do równomiernego pokrycia. Rozprowadzić równą warstwą.

c) Piecz przez 30 minut.

d) Wyjmij blachę do pieczenia z piekarnika, posyp warzywa rozmarynem i wymieszaj. Rozłóż z powrotem w równej warstwie.

e) Kontynuuj pieczenie, aż warzywa będą miękkie i karmelizowane, jeszcze 10 do 15 minut.

69. Buraczki w Grand Marnier

Porcje: 6 porcji

SKŁADNIKI:
- 6 Buraków, wyszorowanych i oczyszczonych
- 2 łyżki słodkiego masła
- 3 łyżki Grand Marniera
- 1 łyżeczka startej skórki pomarańczowej

INSTRUKCJE:

a) W parowarze ustawionym nad gotującą się wodą gotuj buraki na parze, pod przykryciem, przez 25 do 35 minut lub do momentu, aż będą miękkie.

b) Odśwież buraki pod zimną wodą, zsuń skórki i pokrój buraki na ⅜-calowe kliny.

c) Na dużej patelni podsmaż buraki na maśle na średnim ogniu, mieszając, przez 3 minuty.

d) Dodaj Grand Marnier, skórkę pomarańczową i sól do smaku; gotować mieszaninę pod przykryciem przez 3 minuty.

70. Buraczki w śmietanie

Porcje: 4 Porcje

SKŁADNIKI:

- 16 uncji Buraki mogą być odsączone i pokrojone w kostkę
- 1 łyżka octu jabłkowego
- ¼ łyżeczki Każdy czosnek sól i pieprz
- ¼ szklanki kwaśnej śmietany
- 1 łyżeczka cukru

INSTRUKCJE:

a) Połącz wszystkie składniki w szklanym naczyniu żaroodpornym o pojemności 1 litra. Delikatnie wymieszaj, aby wymieszać.

b) Kuchenka mikrofalowa, pod przykryciem, 3-5 minut na wysokiej mocy lub do całkowitego podgrzania. Mieszaj co 2 minuty.

c) Odstawić pod przykryciem na 2-3 minuty przed podaniem.

71. Czerwone aksamitne buraczki żurawinowe

Porcje: 6 porcji

SKŁADNIKI:
● 1 puszka (16 uncji) buraków pokrojonych w kostkę, odsączonych
● 1 puszka (16 uncji) całych jagód lub galaretowatego sosu żurawinowego
● 2 łyżki soku pomarańczowego
● 1 łyżeczka startej skórki pomarańczowej
● 1 odrobina soli

INSTRUKCJE:
a) Połącz wszystkie składniki w rondlu; mocno podgrzać, od czasu do czasu mieszając.
b) Podawaj od razu. Pyszne z indykiem lub szynką.

72. Czerwone aksamitne buraczki miodowe

Porcje: 7 porcji

SKŁADNIKI:
- 6 filiżanek wody
- 1 łyżka octu
- 1 łyżeczka soli
- 5 średnich buraków
- 1 średnia cebula, posiekana
- 2 łyżki margaryny
- 2 łyżki miodu
- 1 łyżka soku z cytryny
- ½ łyżeczki soli
- ⅛ łyżeczki mielonego cynamonu
- 1 łyżka natki pietruszki, posiekanej

INSTRUKCJE:
a) Podgrzej wodę, ocet i 1 łyżeczkę soli do wrzenia. Dodaj buraki. Gotować do miękkości, 35 do 45 minut; odpływ. Przelej zimną wodę przez buraki; zsunąć skórki i usunąć końcówki korzeni. Buraki kroimy w drobną kostkę.
b) Gotuj i mieszaj cebulę z margaryną na 10-calowej patelni na średnim ogniu, aż cebula zmięknie przez około 5 minut. Dodaj buraki, miód, sok z cytryny, ½ łyżeczki soli i cynamon.
c) Podgrzewaj mieszając od czasu do czasu, aż buraki będą gorące, około 5 minut.
d) Posypać pietruszką.

73. Pieczone Ćwiartki Buraków

Robi: 4

SKŁADNIKI:
- 1-funtowe średnie świeże buraki, obrane
- 1/2 łyżeczki koszernej soli
- 8 łyżek bulionu warzywnego
- 5 gałązek świeżego rozmarynu

INSTRUKCJE:
a) Rozgrzej piekarnik do 400 ° F.
b) Pokrój każdego buraka na kliny w zależności od tego, ile porcji chcesz. Wlać bulion warzywny i sól do pokrycia.
c) Na blasze do pieczenia umieść kawałek grubej folii o długości 12 cali.
d) Buraki ułożyć na folii i posypać rozmarynem. Zawiń buraki w folię i szczelnie zamknij.
e) Piecz przez co najmniej 1 godzinę lub do momentu, aż ziemniaki będą miękkie.
f) Ostrożnie otwierając folię, pozwól ulotnić się parze. Usuń gałązki rozmarynu. Podawaj i ciesz się!

DESER

74. Czerwone Aksamitne Babeczki

Ilość porcji: 24 Babeczki

SKŁADNIKI:
- 2 białka jaj
- 2 szklanki czerwonego aksamitnego ciasta
- 1 szklanka mieszanki na ciasto czekoladowe
- ¼ szklanki nalewki z konopi indyjskich
- 1 12-uncjowa torebka chipsów czekoladowych
- 1 12-uncjowy napój gazowany cytrynowo-limonkowy
- 1 12-uncjowa wanna z lukrem kwaśnej śmietany

INSTRUKCJE:
a) Rozgrzej piekarnik do 350 ° F.
b) Formę do muffinek wyłożyć papierowymi papilotkami.
c) Połącz białka jaj, mieszanki ciast, nalewkę, chipsy czekoladowe i sodę w dużej misce do mieszania.
d) Dobrze wymieszaj, aż powstanie gładkie ciasto.
e) Wlać ciasto do foremek do pieczenia.
f) Piec przez 20 minut.
g) Pozwól babeczkom ostygnąć przed lukrem.

75. Mrożony tort z czerwonego aksamitu

Robi: 6

SKŁADNIKI:
CIASTO
- 1 ½ szklanki cukru
- 1 łyżeczka sody oczyszczonej
- ½ szklanki Crisco
- 1 łyżeczka ekstraktu waniliowego
- 1 szklanka maślanki
- 2 uncje czerwonego barwnika spożywczego
- 2 ½ szklanki mąki tortowej
- 1 łyżeczka soli
- 1 łyżeczka octu
- 3 łyżeczki kakao

lukier nr 1
- 1 kostka masła
- 8 łyżeczek Crisco
- 1 szklanka cukru
- 3 łyżeczki mąki
- ⅔ szklanki mleka
- 1 łyżeczka ekstraktu waniliowego

lukier nr 2
- 1 kostka masła
- 2 serki śmietankowe
- 2 jajka
- 1 pudełko mocy cukru

INSTRUKCJE:
a) Wszystkie składniki wymieszać ręcznie. Nie używaj miksera elektrycznego.
b) Piec w temperaturze 350 stopni przez 1 godzinę i 15 minut.
c) Pozostaw do ostygnięcia na 30 minut przed wyjęciem z patelni.

76. Ciasto z czerwonego aksamitu

Porcje: 10 -12 porcji

SKŁADNIKI:
- 2½ szklanki mąki uniwersalnej
- 2 łyżeczki niesłodzonego kakao w proszku
- 1 łyżeczka soli koszernej
- 1 łyżeczka sody oczyszczonej
- 2 jajka, w temperaturze pokojowej
- 1½ szklanki cukru pudru
- 1½ szklanki oleju roślinnego
- 1 szklanka maślanki w temperaturze pokojowej
- 1½ łyżeczki ekstraktu waniliowego
- 1 łyżeczka destylowanego białego octu
- 1 uncja czerwonego barwnika spożywczego

NA LUK:
- 16 uncji sera śmietankowego, zmiękczonego
- 1 szklanka niesolonego masła, zmiękczonego
- 8 szklanek cukru pudru
- 1 łyżka pełnego mleka
- 2 łyżeczki ekstraktu waniliowego

INSTRUKCJE:

a) Rozgrzej piekarnik do 325 stopni F. Spryskaj dwie 9-calowe foremki do ciasta sprayem do pieczenia lub nasmaruj je i posyp mąką.

b) W dużej misce wymieszaj mąkę, kakao w proszku, sól i sodę oczyszczoną i przesiej lub wymieszaj razem.

c) W średniej misce rozbij jajka i ubij je trzepaczką. Wlej cukier, olej, maślankę i wanilię do miski i mieszaj mikserem ręcznym na niskich obrotach, aż wszystko będzie przyjemne i kremowe.

d) Powoli połącz mokre składniki z suchymi składnikami w dużej misce.

e) Dodać ocet i czerwony barwnik spożywczy. Składaj, aż całe ciasto będzie czerwone i nie będzie żadnych smug.

f) Do każdej tortownicy wlej równą ilość ciasta. Wstrząsnąć i postukać patelniami, aby uwolnić pęcherzyki powietrza, a następnie odstawić na 5 minut. Piecz ciastka przez 25 do 30 minut. Wyjmij ciastka z foremek i umieść je na stojakach chłodzących.

g) Gdy ciastka się chłodzą, robimy lukier. W dużej misce połącz serek śmietankowy i masło.

h) Ubij razem oba składniki za pomocą ręcznego miksera, a następnie powoli dodawaj cukier puder po 1 filiżance na raz.

i) Dodaj mleko i wanilię i mieszaj, aż lukier będzie przyjemny i kremowy. Gdy ciastka całkowicie ostygną, zamrozić je.

77. Lody z czerwonego aksamitu

Sprawia, że: 1 pinta

SKŁADNIKI:
- 1 arkusz żelatyny
- 1 szklanka mleka
- ½ porcji sosu krówkowego
- Kawałki ciasta czekoladowego 50 g
- 35 g kakao w proszku
- 2 łyżki cukru
- 1 łyżka glukozy
- 1 łyżka destylowanego białego octu
- 1 łyżka maślanki
- 2 łyżeczki czerwonego barwnika spożywczego
- 1 łyżeczka soli koszernej

INSTRUKCJE:
a) Bloom żelatynę.
b) Podgrzej trochę mleka i wymieszaj z żelatyną, aby się rozpuściła.
c) Przenieś mieszaninę żelatyny do blendera, dodaj pozostałe mleko, sos krówkowy, ciasto czekoladowe, kakao w proszku, cukier, glukozę, ocet, maślankę, barwnik spożywczy i sól i zmiksuj na gładkie i równe puree.
d) Przelej mieszaninę przez sito o drobnych oczkach do maszyny do lodów i zamroź zgodnie z zaleceniami producenta.

78. Ciasteczka z kawałkami czekolady Red Velvet

Robi: 21 ciasteczek

SKŁADNIKI

- 1½ szklanki mąki uniwersalnej
- ¼ szklanki kakao w proszku
- 1 łyżeczka sody oczyszczonej
- ¼ łyżeczki soli morskiej
- ½ szklanki niesolonego masła, temperatura pokojowa
- ½ szklanki brązowego cukru
- ½ szklanki
- 1 jajko, temperatura pokojowa
- 1 łyżka mleka/maślanki/jogurtu naturalnego
- 2 łyżeczki ekstraktu waniliowego
- ½ łyżeczki czerwonego żelu barwiącego żywność
- 1 tabliczka białej lub gorzkiej czekolady

INSTRUKCJE:

a) W dużej misce wymieszaj mąkę, kakao w proszku, sodę oczyszczoną i sól, a następnie odłóż na bok.

b) Używając ręcznego lub stojącego miksera, ubij masło, brązowy cukier i cukier granulowany na wysokich obrotach, aż będą kremowe przez około 1-2 minuty.

c) Następnie dodaj jajko, mleko, ekstrakt waniliowy i barwnik spożywczy, a następnie ubij, aż dobrze się połączą, a następnie wyłącz mikser.

d) Dodaj suche składniki do mokrych składników.

e) Ustaw mikser na niskie obroty i powoli ubijaj, aż powstanie bardzo miękkie ciasto.

f) Jeśli chcesz dodać więcej barwnika spożywczego, możesz to zrobić w tym momencie.

g) Na koniec dodaj wiórki czekoladowe i ubij je.

h) Ciasto przykryć folią spożywczą i schłodzić w lodówce przez co najmniej 2 godziny lub całą noc.

i) Po schłodzeniu pozostaw ciasto w temperaturze pokojowej na co najmniej 15 minut przed zwinięciem go w kulki i pieczeniem, ponieważ ciasto stwardnieje.

j) Rozgrzej piekarnik do 180°C.

k) Dwie duże blachy do pieczenia wyłóż papierem do pieczenia lub silikonowymi matami do pieczenia. Odłożyć na bok.

l) Za pomocą łyżki stołowej nabierz stertę ciasta na ciasteczka i uformuj z niego kulę.

m) Ułóż je na blasze wyłożonej papierem do pieczenia i piecz przez 11-13 minut.

n) Pieczemy partiami.

o) Dodaj jeszcze kilka kawałków czekolady na wierzch ciepłych ciasteczek.

79. Wafel lodowy z czerwonego aksamitu

Przepisy na: 8 kanapek

SKŁADNIKI:
- 1¾ szklanki mąki uniwersalnej
- ¼ szklanki niesłodzonego kakao
- 1 łyżeczka sody oczyszczonej
- 1 łyżeczka soli
- 1 szklanka oleju rzepakowego
- 1 szklanka cukru granulowanego
- 1 duże jajko
- 3 łyżki czerwonego barwnika spożywczego
- 1 łyżeczka czystego ekstraktu waniliowego
- 1½ łyżeczki destylowanego białego octu
- ½ szklanki maślanki
- Nieprzywierający spray do gotowania
- 1½ litra lodów waniliowych
- 2 szklanki półsłodkich mini chipsów czekoladowych

INSTRUKCJE:
a) Rozgrzej gofrownicę do średniej.

b) W średniej wielkości misce wymieszaj mąkę, kakao, sodę oczyszczoną i sól. Odłożyć na bok.

c) W misce miksera stojącego lub elektrycznego miksera ręcznego w dużej misce ubij olej i cukier ze średnią prędkością, aż dobrze się połączą. Wbij jajko. Zmniejsz obroty miksera i powoli dodawaj barwnik spożywczy i wanilię.

d) Wymieszaj ocet i maślankę. Dodaj połowę tej mieszanki maślanki do dużej miski z olejem, cukrem i jajkiem. Mieszaj, aby połączyć, a następnie dodaj połowę mieszanki mąki.

e) Zeskrob miskę i zamieszaj tylko tyle, aby upewnić się, że nie ma niezmieszanej mąki.

f) Dodaj resztę mieszanki maślanki, wymieszaj, aby połączyć, a następnie dodaj ostatnią mieszankę mąki.

g) Ponownie wymieszaj, tylko tyle, aby upewnić się, że nie ma niezmieszanej mąki.

h) Pokryj obie strony rusztu do gofrownicy sprayem zapobiegającym przywieraniu. Wlej tyle ciasta do gofrownicy, aby przykryło ruszt, zamknij pokrywę i gotuj, aż gofry będą wystarczająco twarde, aby można je było wyjąć z gofrownicy, czyli 4 minuty.

i) Pozostaw gofry do lekkiego ostygnięcia na metalowej podstawce. Użyj nożyc kuchennych lub ostrego noża, aby podzielić gofry na części.

j) Powtórz, aby uzyskać w sumie 16 sekcji.

k) Podczas gdy sekcje waflowe stygną, umieść lody na blacie, aby zmiękły na 10 minut.

l) Gdy lody zmiękną, rozłóż połowę gofrów i za pomocą szpatułki rozprowadź lody o grubości około 1 cala na każdym z nich.

m) Przykryj pozostałymi częściami, aby zrobić 8 kanapek. Zeskrob nadmiar lodów gumową szpatułką, aby wyrównać krawędzie.

n) Następnie zanurz brzegi lodów w misce lub płytkim naczyniu wypełnionym mini kawałkami czekolady.

o) Zawiń każdą kanapkę szczelnie w folię spożywczą, umieść w zamykanej na zamek torebce i umieść torebkę w zamrażarce na co najmniej 1 godzinę, aby lody stwardniały.

p) Wyjmij kanapkę na kilka minut przed podaniem, aby lekko zmiękła.

80. Serniki Red Velvet Mini

Porcja: 22-24 serników

SKŁADNIKI
WARSTWA CIASTECZEK RED VELVET
- 1 i ½ szklanki + 1 łyżka mąki uniwersalnej
- ¼ szklanki niesłodzonego kakao w proszku
- 1 łyżeczka sody oczyszczonej
- ¼ łyżeczki soli
- ½ szklanki niesolonego masła zmiękczonego do temperatury pokojowej
- ¾ szklanki zapakowanego jasnego lub ciemnobrązowego cukru
- ¼ szklanki cukru pudru
- 1 jajko, w temperaturze pokojowej
- 1 łyżka mleka
- 2 łyżeczki czystego ekstraktu waniliowego
- 1 łyżka czerwonego barwnika spożywczego
WARSTWA SERNIKA
- 12 uncji sera śmietankowego, zmiękczonego do temperatury pokojowej
- 2 łyżki jogurtu
- ⅓ szklanki cukru pudru
- 1 duże jajko w temperaturze pokojowej
- 1 łyżeczka czystego ekstraktu waniliowego
- ½ szklanki mini lub zwykłych półsłodkich kawałków czekolady

INSTRUKCJE:
a) Rozgrzej piekarnik do 350 ° F.
b) Dwie foremki na muffiny o pojemności 12 wyłóż papilotkami. Odłożyć na bok.
c) Zrób czerwoną aksamitną warstwę ciasteczek: w dużej misce wymieszaj mąkę, kakao w proszku, sodę oczyszczoną i sól. Odłożyć na bok.
d) Używając ręcznego lub stojącego miksera z przystawką do wiosła, ubij masło z dużą prędkością, aż będzie kremowe, około 1 minuty.

e) W razie potrzeby zeskrob boki i dno miski.

f) Przełącz mikser na średnią prędkość i ubij brązowy cukier i cukier granulowany, aż się połączą.

g) Ubij jajko, mleko i ekstrakt waniliowy, w razie potrzeby zeskrobując boki i dno miski.

h) Po wymieszaniu dodać barwnik spożywczy i ubijać do połączenia.

i) Wyłącz mikser i wlej suche składniki do mokrych. Włącz mikser na niskie obroty i powoli ubijaj, aż powstanie bardzo miękkie ciasto.

j) Ubij więcej barwnika spożywczego, jeśli chcesz, aby ciasto było bardziej czerwone. Ciasto będzie lepkie.

k) Wciśnij 1 łyżkę stołową ciasta na dno każdej papilotki. Mówię „skąpe", bo inaczej nie starczyłoby na zrobienie 22-24 mini serników. Piecz każdą partię przez 8 minut, aby wstępnie upiec skórkę przed ułożeniem warstw sernika na wierzchu.

l) Zrób warstwę sernika: używając ręcznego lub stojącego miksera z przystawką do wiosła, ubij ser śmietankowy na średnich obrotach, aż będzie całkowicie gładki.

m)   Dodaj jogurt i cukier, ubijaj na najwyższych obrotach, aż się połączą.

n) Dodaj jajko i wanilię i ubijaj na średnich obrotach, aż się połączą.

o) Delikatnie wmieszaj chipsy czekoladowe. Nałóż 1 łyżkę ciasta sernikowego na wierzch wcześniej upieczonego ciasteczka, rozprowadzając je tak, aby całkowicie przykryło ciasteczko.

p) Wstaw mini serniki z powrotem do piekarnika i piecz jeszcze przez około 20 minut.

q) Przykryj filiżanki folią aluminiową, jeśli wierzchy zbyt szybko się przyrumienią.

r) Pozostawić do ostygnięcia na blacie przez 30 minut, a następnie włożyć do lodówki na kolejne 1,5 godziny.

s) Kubki z ciasteczkami pozostają świeże i przykryte w temperaturze pokojowej przez 12-24 godzin, a następnie muszą być przechowywane w lodówce przez kolejne 3 dni.

81. Babeczki z serkiem Red Velvet

Przepis na: 12 muffinek

SKŁADNIKI
NAKŁADANIE Z KRUCHY
- ½ szklanki cukru granulowanego
- ¼ szklanki mąki uniwersalnej
- 2 łyżki niesolonego masła

MIESZANKA Z TWARZY
- 4 uncje zmiękczonego sera śmietankowego
- ¼ szklanki cukru pudru
- ½ łyżeczki ekstraktu waniliowego

MUFFINY
- 1 ¼ szklanki mąki uniwersalnej
- ½ szklanki cukru granulowanego
- 2 łyżeczki proszku do pieczenia
- ½ łyżeczki soli
- 1 duże jajko
- ½ szklanki oleju roślinnego
- ⅓ szklanki mleka
- 2 łyżki niesłodzonego kakao w proszku
- 2 łyżeczki czerwonego barwnika spożywczego

INSTRUKCJE

a) Rozgrzej piekarnik do 375 ° F.

b) Przygotuj formę na muffiny, wykładając ją wkładkami lub spryskując ją nieprzywierającym sprayem do gotowania.

NAKŁADANIE Z KRUCHY

c) W średniej misce dodaj mąkę, cukier i masło. Za pomocą widelca posiekaj masło, aż uzyskasz grube okruchy.

MIESZANKA Z TWARZY

d) W innej misce utrzyj kremowy ser, cukier i wanilię, aż będą gładkie.

MUFFINY

e) W misce miksera stojącego dodaj mąkę, proszek do pieczenia i sól i wymieszaj, aby połączyć.

f) Dodaj jajko, olej, mleko, kakao w proszku i czerwony barwnik spożywczy i mieszaj tylko do połączenia.

g) Złóż mieszaninę serka śmietankowego w cieście na muffiny, uważając, aby nie przemieszać.

h) Nałóż ciasto do przygotowanej muffinki, wypełniając każdą około ⅔ wysokości.

i) Równomiernie posypać kruszonką wierzch każdej muffinki.

j) Piec w temperaturze 375° F przez 17-19 minut lub do momentu, aż wykałaczka wbita w środek wyjdzie czysta.

k) Pozwól muffinkom ostygnąć w formie przez około 10 minut, a następnie przenieś je na stojak do studzenia, aby całkowicie ostygły.

82. Tarta Red Velvet Malinowa

Porcje: 12 porcji

SKŁADNIKI

- 1 arkusz schłodzonego ciasta na pierogi
- 1 duże białko jajka, lekko ubite
- ¼ szklanki dżemu malinowego bez pestek
- ⅔ szklanki miękkiego masła
- ¾ szklanki cukru
- 3 duże jajka
- 1 duże żółtko
- 1 łyżka kakao do pieczenia
- 2 łyżeczki czerwonej pasty barwnika spożywczego
- 1 szklanka mielonych migdałów
- Lukier

INSTRUKCJE

a) Rozgrzej piekarnik do 350°. Rozwiń arkusz ciasta na 9-calowy. karbowana forma do tarty z wyjmowanym dnem; przyciąć równo z krawędzią. Zamrażaj przez 10 minut.

b) Ciasto wyłożyć podwójną grubością folii. Wypełnij obciążnikami, suszoną fasolą lub niegotowanym ryżem. Piec przez 12-15 minut lub do momentu, aż krawędzie będą złocistobrązowe.

c) Usuń folię i ciężarki; spód ciasta posmarować białkiem. Piec 6-8 minut dłużej lub do uzyskania złotego koloru. Ostudzić na stojaku z drutu.

d) Dżem rozsmarować na spodzie ciasta. W misce utrzeć masło z cukrem na jasną i puszystą masę. Stopniowo wbijaj jajka, żółtko, kakao i barwnik spożywczy. Złóż mielone migdały. Rozsmarować na dżemie.

e) Piecz przez 30-35 minut lub do momentu, aż nadzienie się zetnie. Całkowicie ostudzić na stojaku z drutu.

f) W małej misce wymieszaj cukier puder, wodę i ekstrahuj do uzyskania gładkości; skropić lub polać tartę. Resztki schłodzić.

83. Suflet z czerwonego aksamitu

Porcje: 6 porcji

SKŁADNIKI
- 1 łyżka masła
- 3 łyżki cukru pudru
- 4-uncjowy batonik do pieczenia gorzkiej czekolady, posiekany
- 5 dużych jaj, oddzielone
- ⅓ szklanki cukru pudru
- 3 łyżki mleka
- 1 łyżka czerwonego płynnego barwnika spożywczego
- 1 łyżeczka ekstraktu waniliowego
- Szczypta soli
- 2 łyżki cukru granulowanego
- Cukier puder
- Bita Śmietana

INSTRUKCJE

k) Rozgrzej piekarnik do 350°.

l) Spód i boki kokilek smarujemy masłem.

m) Lekko pokryj 3 łyżkami cukru, strząśnij nadmiar. Umieść na blasze do pieczenia.

n) Czekoladę podgrzewaj w dużej misce nadającej się do kuchenek mikrofalowych przy ustawieniu HIGH na 1 minutę do 1 minuty i 15 sekund lub do rozpuszczenia, mieszając w odstępach 30-sekundowych.

o) Wymieszaj 4 żółtka, ⅓ szklanki cukru i kolejne 3 składniki.

p) Ubij 5 białek jaj i sól z dużą prędkością za pomocą wytrzymałego elektrycznego miksera stojącego, aż się spieni.

q) Stopniowo dodawać 2 łyżki cukru, ubijając do uzyskania sztywnej piany.

r) Złożyć mieszaninę białek jaj do mieszanki czekolady, jedna trzecia na raz.

s) Przełóż łyżką do przygotowanych kokilek.

t) Przejedź czubkiem kciuka po krawędziach kokilek, wycierając do czysta i tworząc płytkie wgłębienie wokół krawędzi mieszanki.

u) Piec w temperaturze 350° przez 20 do 24 minut lub do momentu, aż suflety wyrosną i zastygną.

v) Pył z cukrem pudrem; podawać od razu z bitą śmietaną.

84. Mus Sernikowy z Czerwonego Aksamitu

Robi: 3

SKŁADNIKI

- 6 uncji zmiękczonego bloku sera śmietankowego
- ½ szklanki ciężkiej śmietany
- 2 łyżki kwaśnej śmietany pełnotłustej
- ⅓ szklanki niskowęglowodanowego słodzika w proszku
- 1 ½ łyżeczki ekstraktu waniliowego
- 1 ½ łyżeczki kakao w proszku
- ½ łyżeczki do 1 łyżeczki naturalnego czerwonego barwnika spożywczego w zależności od tego, czy chcesz uzyskać czerwony kolor zamiast różowawego
- Bita Śmietana Heavy Cream słodzona kroplami stewii
- Bezcukrowa tabliczka czekolady tarta tarta czekolada ketonowa

INSTRUKCJE

a) Do dużej miski z elektrycznym mikserem ręcznym lub stojącym dodaj zmiękczony serek śmietankowy, ciężką śmietanę, kwaśną śmietanę, sproszkowany środek słodzący i ekstrakt waniliowy.

b) 6 uncji blokowego sera śmietankowego, ½ szklanki ciężkiej śmietany, ⅓ szklanki słodzika w proszku o niskiej zawartości węglowodanów, 1 ½ łyżeczki ekstraktu waniliowego, 2 łyżki kwaśnej śmietany

c) Mieszaj na niskich obrotach przez minutę, a następnie na średnich przez kilka minut, aż masa stanie się gęsta, kremowa i dokładnie połączona.

d) Dodaj kakao w proszku i mieszaj na najwyższych obrotach, aż składniki się połączą, zeskrobując boki gumowym skrobakiem, aby dokładnie wymieszać.

e) 1 ½ łyżeczki kakao w proszku

f) Dodaj czerwony barwnik spożywczy i mieszaj do zmieszania lub uzyskania konsystencji budyniu.

g) ½ łyżeczki do 1 łyżeczki naturalnego czerwonego barwnika spożywczego

h) Wyciśnij mus łyżką lub użyj rękawa cukierniczego do małej szklanki deserowej lub miseczki.

i) Udekoruj kleksem bezcukrowej bitej śmietany i opcjonalnie odrobiną startej bezcukrowej czekolady. Podawać

j) Bita śmietanka słodzona kroplami stewii, wiórki czekoladowe bez cukru

85. Szewc Red Velvet-Berry

Porcje: 6 do 8 porcji

SKŁADNIKI

- 1 łyżka skrobi kukurydzianej
- 1 ¼ szklanki cukru, podzielone
- 6 filiżanek różnych świeżych jagód
- ½ szklanki miękkiego masła
- 2 duże jajka
- 2 łyżki czerwonego płynnego barwnika spożywczego
- 1 łyżeczka ekstraktu waniliowego
- 1 ¼ szklanki mąki uniwersalnej
- 1 ½ łyżki niesłodzonego kakao
- ¼ łyżeczki soli
- ½ szklanki maślanki
- 1 ½ łyżeczki białego octu
- ½ łyżeczki sody oczyszczonej

INSTRUKCJE

a) Rozgrzej piekarnik do 350°. Wymieszaj skrobię kukurydzianą i ½ szklanki cukru.

b) Wymieszaj jagody z mieszanką skrobi kukurydzianej i włóż łyżkę do lekko natłuszczonego naczynia do pieczenia o wymiarach 11 x 7 cali.

c) Ubij masło na średnich obrotach mikserem elektrycznym, aż będzie puszyste; stopniowo dodawać pozostałe ¾ szklanki cukru, dobrze ubijając.

d) Dodaj jajka, po 1 na raz, ubijając tylko do połączenia po każdym dodaniu.

e) Mieszaj z czerwonym barwnikiem spożywczym i wanilią, aż się połączą.

f) Połącz mąkę, kakao i sól. Wymieszaj maślankę, ocet i sodę oczyszczoną w miarce o pojemności 2 filiżanek.

g) Mieszankę mąki dodawać do masy maślanej na przemian z maślanką, zaczynając i kończąc mieszanką mąki.

h) Po każdym dodaniu miksuj na niskich obrotach, aż składniki się połączą.

i) Łyżka ciasta na mieszankę jagodową.

j) Piec w temperaturze 350° przez 45 do 50 minut lub do momentu, aż drewniany patyczek wbity w wierzch ciasta wyjdzie czysty. Schłodzić na stojaku z drutu przez 10 minut.

86. Ciasto Owocowe z Czerwonego Aksamitu

Porcje: 3 porcje

SKŁADNIKI

- 200 gramów Maidy
- 220 gramów cukru pudru
- 1 łyżka kakao w proszku
- 150 ml oleju roślinnego
- 250 ml maślanki
- 1 łyżeczka proszku do pieczenia
- ½ łyżeczki sody oczyszczonej
- ¼ łyżeczki soli
- ½ łyżeczki octu
- 1 łyżka esencji waniliowej
- ½ szklanki ciężkiej śmietany

DO PRZYBRANIA:

- Czekoladowa sztuka
- Kiwi I Winogrona
- Miód
- słodkie klejnoty

INSTRUKCJE

a) W misce dodaj wszystkie suche składniki wymienione powyżej i przesiej je razem, aby uniknąć grudek.

b) Teraz dodaj maślankę, olej roślinny, esencję waniliową i pastę z buraków i dobrze wymieszaj, aby uzyskać gładkie ciasto.

c) Na koniec dodaj ocet i dobrze wymieszaj.

d) Weź 1 6-calową foremkę do ciasta i foremki na muffiny, posmaruj je olejem i oprósz za pomocą Maidy,

e) równomiernie wlać do nich ciasto.

f) Rozgrzej kuchenkę mikrofalową do 180°C przez 10 minut. Piec je w nagrzanej kuchence mikrofalowej przez 20-25 minut lub do momentu, aż będą gotowe, w zależności od kuchenki mikrofalowej.

g) Ubijaj śmietanę kremówkę przez 3-4 minuty i pozostaw do zamrożenia.

h) Pokrój kiwi i winogrona.

i) Po upieczeniu odstawić do ostygnięcia i wyjąć z formy.

j) Nałóż bitą śmietanę na oba ciasta i udekoruj je klejnotami, czekoladą, posiekanymi owocami, a na koniec miodem.

87. Czerwone Aksamitne Ciastko

Porcje: 10 porcji

SKŁADNIKI:
- 2 szklanki samorosnącej mąki
- ½ łyżeczki kremu z kamienia nazębnego
- ⅛ łyżeczki soli
- 1 łyżka niesłodzonego kakao w proszku
- 2 łyżki cukru granulowanego
- ¾ szklanki zimnej maślanki
- ½ szklanki posiekanego zimnego niesolonego masła
- ¼ szklanki tłuszczu roślinnego o smaku masła
- 1 łyżeczka ekstraktu waniliowego
- ½ uncji czerwonego barwnika spożywczego

INSTRUKCJE:
a) W dużej misce połącz samorosnącą mąkę, sól, kakao w proszku, cukier i krem z kamienia nazębnego.

b) Przesiej lub wymieszaj składniki, aż dobrze się połączą.

c) Dodaj wszystkie suche składniki do miski miksera.

d) Dodaj masło, tłuszcz piekarski, maślankę i barwnik spożywczy.

e) Włącz mikser stojący i pozwól składnikom mieszać się ze średnią prędkością, aż zmieni się w czerwone ciasto.

f) Po uformowaniu ciasta rozwałkuj je na lekko posypanej mąką płaskiej powierzchni za pomocą wałka do ciasta.

g) Wytnij herbatniki za pomocą pokrywki do puszek, krajalnicy do ciastek lub foremki do ciastek.

h) Biszkopty ułożyć w naczyniu do zapiekania.

i) Piecz ciastka w temperaturze 400 F przez 12-15 minut.

j) Po zakończeniu posmaruj lub posmaruj masłem biszkopty, gdy są jeszcze ciepłe.

88. Makaroniki z czerwonego aksamitu

Porcja: 18 makaroników

SKŁADNIKI

- ½ szklanki + 2 łyżki drobnej mąki migdałowej, blanszowanej
- ½ szklanki cukru pudru
- 1 łyżeczka niesłodzonego kakao w proszku
- 2 duże białka jaj
- szczypta kremu z kamienia nazębnego
- ¼ szklanki + 1 łyżeczka cukru pudru
- czerwony barwnik spożywczy w żelu
- Lukier sernikowy

INSTRUKCJE

a) Przesiej mąkę migdałową, cukier puder i niesłodzone kakao w proszku do dużej miski i odłóż na bok.

b) Dodaj białka do miski miksera stojącego za pomocą trzepaczki i mieszaj na średnich obrotach, aż na powierzchni białek pokryją się małe bąbelki.

c) Dodaj szczyptę kremu z kamienia nazębnego i kontynuuj mieszanie, aż osiągniesz fazę miękkiego szczytu.

d) Następnie stopniowo dodawać cukier granulowany i miksować na średnich obrotach przez 30 sekund. Zwiększ prędkość mieszania do średnio-wysokiej prędkości. Kontynuuj mieszanie, aż utworzą się sztywne, błyszczące szczyty.

e) W tym momencie dodaj czerwony barwnik spożywczy w żelu. Zostanie zmieszany podczas następnego kroku.

f) Dodaj suche składniki do bezy i wymieszaj kolistymi ruchami, aż gruba wstęga ciasta spłynie z łopatki ciągłym strumieniem po podniesieniu.

g) Wlej ciasto do dużej szprycy wyposażonej w średniej wielkości okrągłą końcówkę do szprycowania i wyciskaj 1 ¼ cala na przygotowanych blachach do pieczenia, zachowując odstępy około 1 cala od siebie.

h) Uderz mocno patelniami kilka razy o blat, aby uwolnić pęcherzyki powietrza, a następnie wykałaczką lub rysikiem przebij pozostałe pęcherzyki powietrza, które wypłyną na powierzchnię.

i) Odstawić makaroniki na 30 minut lub do czasu, aż nabiorą skórki.

j) Podczas gdy makaroniki odpoczywają, rozgrzej piekarnik do 315 F / 157 C.

k) Piecz jedną tacę makaroników na raz na środkowej półce piekarnika przez 15-18 minut i obróć patelnię w połowie.

l) Wyjmij makaroniki z piekarnika i pozwól makaronikom ostygnąć na blasze przez około 15 minut, a następnie delikatnie wyjmij je z maty silpat.

m) Połącz muszle w pary, a następnie wyciskaj kleks serka śmietankowego lukier na jedną skorupkę makaronika. Delikatnie naciśnij drugą skorupkę na lukier, aby utworzyć kanapkę.

n) W razie potrzeby skrop odrobiną białej czekolady i pokrusz dwie skorupki makaroników do dekoracji.

o) Umieść gotowe makaroniki w hermetycznym pojemniku i schłodź w lodówce przez noc, a następnie pozwól im ogrzać się do temperatury pokojowej i ciesz się!

89. Ciasto z czerwonego aksamitu w pudełku z lodem

Robi: 8 sztuk

SKŁADNIKI

- 2 szklanki pokruszonych czekoladowych ciasteczek waflowych lub czekoladowych krakersów graham
- ½ szklanki stopionego masła
- ¼ szklanki cukru pudru
- Opakowanie 12,2 uncji ciasteczek Red Velvet Oreo
- 8 uncji serka śmietankowego, zmiękczonego
- Pudełko o pojemności 3,4 uncji z natychmiastową mieszanką puddingu sernikowego
- 2 szklanki pełnego mleka lub pół na pół
- 8 uncji mrożonej bitej polewy

INSTRUKCJE

a) Rozgrzej piekarnik do 375 ° F. Lekko spryskaj 9-calowy talerz do pieczenia za pomocą sprayu do gotowania.

b) W małej misce wymieszaj okruchy ciasteczek, masło i cukier. Dobrze wymieszaj, a następnie dociśnij do dna i boków tortownicy. Piec przez 15 minut lub do zestalenia. Całkowicie ostudzić.

c) Zarezerwuj 5 całych ciasteczek do dekoracji, a resztę umieść w zamykanej plastikowej torebce.

d) Kruszymy ciasteczka. Odłożyć na bok.

e) W średniej wielkości misce do mieszania użyj miksera, aby utrzeć serek śmietankowy, mieszankę budyniową i mleko. Ubijaj przez 2-3 minuty lub do uzyskania kremowej, puszystej i gładkiej konsystencji.

f) Ubitą polewę i pokruszone ciasteczka włożyć ręcznie do nadzienia. Rozsmarować na schłodzonym cieście.

g) Udekoruj górę pozostałą bitą polewą i całymi ciasteczkami według uznania.

h) Schłodzić przez co najmniej 4 godziny przed podaniem.

90. Ciasto buraczane z czerwonego aksamitu

Porcje: 10 porcji

SKŁADNIKI:

- 1 szklanka oleju Crisco
- ½ szklanki masła, stopionego
- 3 jajka
- 2 szklanki cukru
- 2½ szklanki mąki
- 2 łyżeczki cynamonu
- 2 łyżeczki sody oczyszczonej
- 1 łyżeczka soli
- 2 łyżeczki wanilii
- 1 szklanka buraków harwardzkich
- ½ szklanki śmietankowego twarogu
- 1 szklanka rozgniecionego ananasa, odsączonego
- 1 szklanka posiekanych orzechów
- ½ szklanki kokosa

INSTRUKCJE:

a) Wymieszaj olej, masło, jajka i cukier.

b) Dodaj mąkę, cynamon, sodę i sól.

c) Złóż wanilię, buraki, twaróg, ananas, orzechy i kokos.

d) Wlać do miski 9x13 cali.

e) Piec w 350 przez 40-45 minut. Podawać z bitą śmietaną.

91. Zapiekanka z buraków

Porcje: 4 porcje

SKŁADNIKI:

● 4 szklanki pokrojonych buraków (zarówno czerwonych, jak i żółtych), pokrojonych w plastry o grubości ½ cala
● 1 szklanka Cienko pokrojonej cebuli
● 2 szklanki Przyprawionej bułki tartej
● 3 łyżki masła
● Oliwa z oliwek, do skropienia
● Ser parmezan, do posypania
● Przyprawa kreolska do posypania
● Sól i biały pieprz

INSTRUKCJE:

a) Rozgrzej piekarnik do 375 stopni F. W posmarowanej masłem zapiekance lub ciężkim naczyniu do pieczenia ułóż buraki, cebulę i połowę bułki tartej, posmaruj masłem i dopraw każdą warstwę oliwą z oliwek, parmezanem, przyprawą kreolską oraz solą i pieprzem, do smaku.

b) Zakończ warstwą bułki tartej na wierzchu. Pieczemy pod przykryciem przez 45 minut. Odkryć i kontynuować pieczenie jeszcze przez 15 minut lub do momentu, aż wierzch się zarumieni i zacznie bulgotać. Podawać bezpośrednio z naczynia.

92. Suflet z zielonego buraka

Składniki: 1 suflet

SKŁADNIKI:

- 3 łyżki parmezanu; tarty
- 2 średnie buraki; ugotowane i obrane
- 2 łyżki masła
- 2 łyżki mąki
- ¾ szklanki bulionu z kurczaka; gorący
- 1 szklanka zielonych buraków; smażone
- ½ szklanki sera Cheddar; tarty
- 3 żółtka
- 4 Białka jaj

INSTRUKCJE:

a) Masło 1 qt. danie z sufletem; posypać parmezanem. Ugotowane buraki pokroić w plastry i wyłożyć nimi dno naczynia do sufletu.

b) W małym rondelku rozpuścić masło, wymieszać z mąką, dodać gorący bulion i gotować dalej, aż lekko zgęstnieje, następnie przełożyć do większej miski. Grubo posiekaj buraczki i dodaj do sosu wraz z serem Cheddar.

c) W osobnej misce ubij żółtka; zmiksuj je z zieloną mieszanką buraków. Ubij białka jaj, aż utworzą szczyty. Złożyć do miski z innymi składnikami; dobrze wymieszać. Całość przełożyć do wysmarowanej masłem formy do sufletu. Posyp parmezanem.

d) Piec w 350 F. przez 30 minut lub do momentu, gdy suflet będzie dmuchany i złoty.

93. Mus z czerwonego aksamitu z buraków

Sprawia, że: 1 porcja

SKŁADNIKI:

- 3 średnie buraki; Gotowane na ich skórze
- 2½ szklanki bulionu z kurczaka
- 2 opakowania niesmakowanej żelatyny
- 1 szklanka jogurtu bez smaku
- 2 łyżki soku z cytryny lub limonki
- 1 mała starta cebula
- 1 łyżka cukru
- 1 łyżka musztardy
- Sól i pieprz; do smaku

INSTRUKCJE:

a) Buraki obrać i pokroić w kostkę.

b) Umieść żelatynę w misce z 6 łyżkami wody i wymieszaj. Odstawić na 2 minuty i zalać gorącym bulionem drobiowym mieszając.

c) Zmiksuj wszystkie składniki oprócz żelatyny. Właściwa przyprawa.

d) Dodaj schłodzoną żelatynę i przetwarzaj tylko do połączenia.

e) Wlać do wysmarowanej olejem formy do ustawienia 6. Zdejmij z formy i podawaj na środku talerza w otoczeniu sałatki z kurczakiem curry lub sałatką z krewetek

94. Chleb z buraków

Porcja: 1 porcja

SKŁADNIKI:

- ¾ szklanki Skrócenie
- 1 szklanka cukru
- 4 jajka
- 2 łyżeczki wanilii
- 2 szklanki Rozdrobnionych buraków
- 3 szklanki mąki
- 2 łyżeczki proszku do pieczenia
- 1 łyżeczka sody oczyszczonej
- ½ łyżeczki cynamonu
- ¼ łyżeczki mielonej gałki muszkatołowej
- 1 szklanka posiekanych orzechów

INSTRUKCJE:

a) Ubij tłuszcz piekarski i cukier, aż będą jasne i puszyste. Zmiksuj jajka i wanilię. Wmieszaj buraki.

b) Dodaj połączone suche składniki; Dobrze wymieszać. Wmieszać orzechy.

c) Wlać do wysmarowanej tłuszczem i posypanej mąką formy 9x5 ".

d) Piec w 350'F. przez 60-70 minut lub do momentu, aż drewniana wykałaczka wbita w środek wyjdzie czysta.

e) Schłodzić przez 10 minut; zdjąć z patelni.

KOKTAJLE I SMOOTHIE

95. Czerwone Aksamitne Ciasto Martini

Tworzy: 2

SKŁADNIKI:
- 2 uncje wódki tortowej
- 1 uncja Creme de Cacao
- ½ uncji wódki waniliowej
- ½ uncji bitej wódki
- ¼ uncji Aperolu
- ½ uncji grenadyny
- ¼ łyżeczki cukru pudru

INSTRUKCJE:
a) Do shakera odmierz wódkę tortową, Crème de Cacao, wódkę waniliową, bitą wódkę, Aperol, grenadynę, cukier puder i lód.
b) Wstrząśnij, aż dobrze się wymiesza.
c) Przecedzić równomiernie do dwóch szklanek.
d) Podawać.

96. Makieta mojito z czerwonego aksamitu

Tworzy: 5

SKŁADNIKI:
- 1 szklanka przegotowanej wody
- 5 łyżeczek sypkich liści herbaty Red Velvet
- 5 listków mięty
- 2 łyżki nektaru z agawy
- 4 łyżki świeżego soku z limonki
- 3 szklanki wody gazowanej
- rumu Bacardi

INSTRUKCJE:
a) Zaparzaj herbatę w 200 ml przegotowanej wody przez pięć minut.
b) Wyjmij torebkę z herbatą lub odcedź, jeśli jest luźna, i wstaw do lodówki do ostygnięcia.
c) Połącz wszystkie składniki. Podawaj z lodem i udekoruj miętą i limonką.

97. Czerwony Aksamitny Koktajl Czekoladowy

Składniki: 1 Koktajl

SKŁADNIKI:
- ¼ szklanki likieru z białej czekolady
- 1½ uncji wódki
- 1 uncja Grenadyny
- ½ szklanki mleka
- lukier z serka śmietankowego do obramowania kieliszka
- czerwona posypka na brzeg kieliszka

INSTRUKCJE:
a) Szklankę udekoruj lukrem z serka śmietankowego i posyp czerwoną posypką lub kruszonką z czerwonego aksamitu.
b) Dodaj lód do shakera do koktajli.
c) Dodaj wszystkie składniki do shakera i dobrze wstrząśnij.
d) Po wymieszaniu przelej zawartość shakera do szklanki.
e) Podawaj i ciesz się!

98. Koktajl Ciastko z Czerwonego Aksamitu

Porcja: 1 porcja

SKŁADNIKI:
- 2 duże truskawki, obrane i pokrojone w plasterki
- 1 ½ uncji wódki Red Velvet
- 1 kropla soku z cytryny
- 3 do 5 uncji śmietanki sody, do smaku
- Świeża truskawka do dekoracji

INSTRUKCJE:
a) W shakerze koktajlowym dodaj plasterki truskawek. Dobrze zagnieść.
b) Dodaj wódkę i sok z cytryny. Napełnij shaker lodem i dobrze wstrząśnij.
c) Przecedzić do schłodzonej szklanki highball wypełnionej świeżym lodem.
d) Doprawić sodą.
e) Udekoruj truskawką. Podawaj i ciesz się.

99. Smoothie z czerwonego aksamitu

Tworzy: 2

SKŁADNIKI:
- 1 szklanka mrożonego mango lub 2 banany
- 1 mały burak, ugotowany i obrany
- 3 łyżki kakao w proszku
- 1,5 szklanki mleka do wyboru lub do smaku
- 3 daktyle, bez pestek

INSTRUKCJE:
a) Dodaj wszystkie składniki do blendera. Miksuj do uzyskania gładkości.

b) Smak. Dodaj więcej daktyli lub mango, aby uzyskać pożądaną słodycz.

c) Dodać więcej mleka do uzyskania pożądanej konsystencji. Zmiksuj ponownie i ciesz się od razu.

100. Smoothie Red Velvet z buraków i bananów

Tworzy: 1

SKŁADNIKI
- 1 mrożony banan
- 1 szklanka mleka migdałowego
- 1 szklanka mrożonych jagód
- ½ buraka, ugotowanego i obranego
- 2 łyżki kakao w proszku
- 1 łyżka syropu klonowego/cukru kokosowego

INSTRUKCJE
a) Dodaj składniki Dodaj wszystkie składniki do blendera.
b) Zmiksuj wszystko na gładką masę, przelej do szklanki i ciesz się!

WNIOSEK

Czerwony aksamit jest tak nazwany ze względu na aksamitną lub gładką teksturę. Dobry przepis na ciasto z czerwonego aksamitu wymaga określonych ilości kakao, maślanki i białego octu, które nadają mu wyjątkowy smak, nie jest to zwykły przepis z barwnikiem spożywczym. Ponadto oryginalny czerwony aksamit został zrobiony z lukrem z gotowanego mleka, a nie z obrzydliwie ciężkim i zbyt słodkim lukrem z serka śmietankowego, który jest zwykle używany. Lukier z gotowanego mleka jest jak skrzyżowanie bitej śmietany i kremu maślanego, a dobrze zrobione ciasto z czerwonego aksamitu ma delikatny i boski smak i konsystencję.

Wypróbuj przepisy inspirowane czerwonym aksamitem już dziś; z pewnością sprawią, że każdy stół zabłyśnie i są tak łatwym sposobem na zaimponowanie.

Ingram Content Group UK Ltd.
Milton Keynes UK
UKHW020612120623
423287UK00008B/38

9 781835 003497